中国科技之魂　中宣部主题出版重点出版物

特殊使命 彭士禄

中国编辑学会◎组编

舒德骑◎著

高等教育出版社

北京

图书在版编目（CIP）数据

特殊使命：彭士禄 / 中国编辑学会组编；舒德骑著. -- 北京：高等教育出版社，2024. 12. -- （中国科技之魂）. -- ISBN 978-7-04-064202-5

Ⅰ. K826.16

中国国家版本馆 CIP 数据核字第 202467QZ83 号

内 容 提 要

彭士禄是我国著名的核动力专家，我国核动力事业的开拓者和奠基人之一。本书描写了彭士禄肩负"特殊使命"的一生。他两次被关进敌人的监狱，多次和死神擦肩而过，在几十年之后却两次为新中国掀起"核巨浪"，为国家和人民创造了卓越不朽的功勋！从烈士的遗孤到我国核动力事业的拓荒牛，他默默走完了为祖国奉献的一生。一辈子太短，短到他只为祖国做成了两件事：一是造核潜艇，二是建核电站；一辈子又太长，长到他把生命熔铸进新中国核事业基座上的磐石。彭士禄特殊的人生故事，为我们提供了源源不断的伟大精神力量。

"中国科技之魂"丛书　ZHONGGUO KEJI ZHI HUN CONGSHU

特殊使命：彭士禄　TESHU SHIMING PENG SHILU

♦ 组　　编　中国编辑学会
　　著　　　舒德骑
　　责任编辑　包小冰

♦ 高等教育出版社出版发行　北京市西城区德外大街 4 号
　邮编　100120
　网　　址　http://www.hep.edu.cn
　　　　　　http://www.hep.com.cn
　网上订购　http://www.hepmall.com.cn
　　　　　　http://www.hepmall.com
　　　　　　http://www.hepmall.cn
　北京盛通印刷股份有限公司

♦ 开本：720×960　1/16
　印张：14.25　　　　　　　2024 年 12 月第 1 版
　字数：190 千字　　　　　　2024 年 12 月北京第 1 次印刷

定价：89.00 元

"中国科技之魂"丛书编委会

主　　任：

　　郝振省　张伯礼

副 主 任：

　　乔还田　杜　贤　郭德征　张立科

成　　员：

院　　士（以姓氏笔画为序）

　　丁奎岭　王　辰　王　浩　仝小林　孙　聪　严新平
　　李大东　李大潜　李廷栋　杨元喜　杨玉良　肖绪文
　　张守攻　陆　军　陈维江　罗　琦　侯建国　倪光南
　　徐卫林　高雄厚　蒋兴伟

其他成员（以姓氏笔画为序）

　　王永奉　孔会云　龙　杰　刘天金　孙盛鹏　李秀明
　　宋吉文　陈华栋　陈志敏　周伟斌　赵　猛　郝　刚
　　胡华强　胡艳红　莫沈茗　徐　静　高晓辉　雷　平

"中国科技之魂"丛书出版工作委员会

主　任：

　　杜　贤　张立科

副主任：

　　王　威　李　际　成丽丽　刘俊来

成　员：

　　赵　一　张浩然　林舒媛　郭　家　王丽丽　顾慧毅

丛书序言一

弘扬科技之魂　共筑强国之梦

station在新的历史起点，回望过去，在中国共产党的坚强领导下，一代代科技工作者以国家民族的前途命运为己任，投身科学救国、科研报国、科教兴国、科技强国的伟大事业。他们为国家富强前赴后继、接续奋斗，取得了无数举世瞩目的成就，实现了中国科技实力一次次的历史性跨越。这一过程中，孕育形成了内涵丰富、历久弥新的科学家精神，成为中国共产党人精神谱系的重要组成部分，长久涵养后人。

习近平总书记指出："科学成就离不开精神支撑。科学家精神是科技工作者在长期科学实践中积累的宝贵精神财富。"科学家的观点和思考可能只适用于某个特定的时期，但他们所代表的科学家精神却能超越个体的差异、超越时间的限制，成为一种普遍的文化遗产和精神财富，不断被传承和发扬。近代以来，那些我们所怀念的来自不同领域的伟大的中国科学家，都在自己所处的那个年代提出和倡导过某个促进科技进步、社会发展的思想、理念、观点，虽内容各异，但核心理念一脉相承——实现民族复兴的坚定信念，正如历史的洪流，滚滚向前。

当前，世界之变、时代之变、历史之变正加速演进，全球科技创新进入前所未有的活跃期。面对新一轮科技革命和产业变革，我们比以往任何时刻都更深切地感受到"科技兴则民族兴，科技强则国家强"的要义，实现中华民族伟大复兴之大局呼唤科学家精神，应对世界百年未有之大变局需要科学家精神。

在深入学习党的二十大报告提出的"培育创新文化，弘扬科学家精神，涵养优良学风，营造创新氛围"的号召后，中国编辑学会深感弘扬新时代科学家精神的责任重大、使命光荣。2023年1月，中国编辑学会组织人民邮电出版社、人民卫生出版社、科学出版社等多家科技出版强社，共同策划了一套以中国科学家精神为主题的理想信念科普读物及精品传记力作——"中国科技之魂"丛书，旨在与当前中国科技发展的现状和挑战相结合，更好地反映科学家的精神信仰和社会价值，尤其突出科学家在时代洪流中的具体实践，形成当前新时代背景下可传承、发扬、鼓舞人心的精神力量。

"中国科技之魂"丛书共19分册，以习近平新时代中国特色社会主义思想和党的二十大精神为指导，以对"中国科学家精神""中国共产党人精神谱系"等"新时代、新精神、新思想"的"新解读"为定位，选取19位政治立场正确、党和人民高度认可、在各自领域做出杰出贡献的泰斗级中国科学家，描绘他们热爱党和人民、热爱科技事业、热爱生活的鲜活形象，详述他们可贵的精神品质、突出的科技贡献、创新的思维方式、丰富的生平故事、独特的人格魅力，大力弘扬以"爱国、创新、求实、奉献、协同、育人"为内涵的中国科学家精神，展现以伟大建党精神为源头的中国共产党人精神谱系，尤其突出新时代新思想背景下，传承中国科技之魂对赓续创新奋斗的精神血脉、凝聚民族复兴的磅礴力量的战略意义，启迪中国科技工作者自觉践行、大力弘扬精神之魂，投身科技创新，建设科技强国，让大众深刻理解科学家精神的时代价值和历史意义，激发全社会的科学兴趣和创新热情。

中国编辑学会高度重视"中国科技之魂"丛书的出版工作，集多家科技出版强社的合力精心打造，成立了审读顾问委员会，对丛书架构、目录、样章等多次进行详细指导、审校；成立了编委会，统筹安排出版工作，把握整体进度；成立了出版工作委员会，开展丛书出版过程中的组织与协调工作；

充分调动了相关部委和单位的力量，组织了强大的写作团队，各分册均由科学家、科学史资深研究者、党史党建专家、宣传思想工作专家等组成写作班子；力推融合出版，融文、图、音频、视频、动画等于一体，最大限度地提升读者的阅读体验，确保"中国科技之魂"丛书在内容上权威、专业、生动，在形式上创新、多元、互动。

"中国科技之魂"丛书是对中国科学家精神的汇聚，向世界展示了中国科学家的卓越智慧与崇高追求，如繁星璀璨，照亮人类文明的灿烂星河，指引后人不断奋进。出版"中国科技之魂"丛书是对时代的献礼，对历史的致敬，更是对未来的期许，让科学家精神在新时代绽放出新的光芒，这是科技出版人对时代、对历史、对未来的深切责任与庄严承诺。我们坚信，"中国科技之魂"丛书将成为传承科学家精神、弘扬科学文化、激发创新活力的重要载体。让我们携手前行，为实现中华民族伟大复兴的中国梦贡献科技出版人的智慧和力量，在新时代的征程上，共同书写中国科技事业的辉煌篇章，铸就人类文明的新辉煌！

中国编辑学会会长
"中国科技之魂"丛书编委会主任
2024 年 12 月

丛书序言二

传科技之魂　燃复兴之光

科技兴则民族兴，科技强则国家强。党的十八大以来，以习近平同志为核心的党中央深入推动实施创新驱动发展战略和人才强国战略，提出加快建设创新型国家的战略任务，确立2035年建成科技强国的奋斗目标。党的二十届三中全会提出，教育、科技、人才是中国式现代化的基础性、战略性支撑。要优化重大科技创新组织机制，加强国家战略科技力量建设，统筹强化关键核心技术攻关。在中国共产党的正确领导下，一代代科技工作者以国家民族的前途命运为己任，投身科学救国、科研报国、科教兴国、科技强国的伟大事业。他们宛如璀璨星辰，照亮了强国建设和中华民族伟大复兴之路。习近平总书记号召我们要传承老一辈科学家以身许国、心系人民的光荣传统，把论文写在祖国的大地上。

正是在这种背景下，中国编辑学会组织多家出版单位编写了"中国科技之魂"丛书，精心选取19位在工业、农业、卫生、国防、基础学科等领域做出杰出贡献的泰斗级科学家。这些科学家政治立场坚定，深受党和人民敬重，在各自领域的贡献卓著。丛书描绘了他们热爱党和人民、热爱科技事业、热爱生活的鲜活形象，详述了他们丰富的生平故事、可贵的精神品质、独特的人格魅力、创新的思维方式、突出的科技贡献。他们的一生，是对科学真理不懈追求的一生，是对国家和人民无限忠诚的一生；他们的事迹，不仅是个人的荣耀，更是时代的缩影。他们的精神启迪着广大科技工作者自觉践行和大力弘扬求疑问真、严谨求实的科学家之魂，展示了中国特色社会主义道路的科技自信和文化自信，体现了"科技为民"的初心和使命，同时也让大众深刻理解科学家精神的历史意义和时代价值。他们不仅激励着我们这一代科技工作者，更影响着未来无数的科研人员，以实现为党和国家"立心"，为科技强国"立力"，为民族复兴"立基"，为人民健康"立命"，为青少年"立志"。

科技是人类进步的阶梯，是打开未来大门的钥匙。在当前这个科技迅猛发展的时代，我们比以往任何时候都更加需要科学家精神的指引。一代人有一代人的奋斗，一个时代有一个时代的担当。"中国科技之魂"丛书的出版是对历史的致敬，对时代的献礼，更是对未来的期许，让科学家精神在新时代绽放出新的光芒。它提醒我们，无论科技如何进步，科学家的责任感和使命感永远不能减退。我们坚信，"中国科技之魂"丛书将成为传承科学家精神、弘扬科学文化、激发创新活力的重要载体，为实现中华民族伟大复兴的中国梦贡献智慧和力量。

希望广大读者能从这套丛书中感受到科学家们的伟大精神，汲取奋进力量，积极投身科技创新与民族复兴的伟大事业。今有感书将付梓，谨呈敬意，是为序。

张伯礼

中国工程院院士、国医大师
中国中医科学院名誉院长
天津中医药大学名誉校长
"中国科技之魂"丛书编委会主任
2024 年冬于天津静海团泊湖畔

前 言

这是一本名人传记。

他是中国核潜艇第一任总设计师,是中国核动力事业的开拓者和奠基人,也是世界赫赫有名的核动力专家。他的人生,跌宕起伏而又惊险传奇;他的一生,见证和浓缩了新中国核动力研制的整个历史。

他的名字叫——彭士禄。

他是我党的早期领导人、我国农民运动先驱彭湃之子。3岁时,母亲牺牲;4岁时,父亲就义;8岁时,他成为监狱里最小的犯人。整个幼年时期,他东躲西藏,颠沛流离,吃百家饭,穿百家衣,在穷苦百姓的庇护、在党组织的关怀下成长起来。

他是红色家风的优秀传承者,是科学家精神的杰出践行人,是中国核动力事业的拓荒牛。他继承先辈遗志,传承红色基因,始终饱含着对党和人民的赤子之心,卧薪尝胆为国铸剑,赴汤蹈火在所不惜,践行了"核潜艇,一万年也要搞出来"的铮铮誓言,创造了中国核电站从无到有的奇迹,实现了中国核事业历史性的跨越。

"干惊天动地事,做隐姓埋名人。"在科学领域,他顶天立地,独树一帜,取得了举世瞩目的成就,但他高风亮节,淡泊名利,永葆初心,为中国核事业躬耕不止,奋斗不息;他志存高远,却又严谨务实,敢于拍板;他严肃刚毅，却又平易近人，可爱可亲。

"坎坷的童年经历，磨炼了我不怕困难艰险的性格；几十位'母亲'给我的爱抚，感染了我热爱百姓的本能。父母亲把家产无私分配给了农民，甚至不惜生命。他们给了我要为人民、为祖国奉献一切的热血。延安圣地培育了我自力更生、艰苦拼搏、直率坦诚的习性。总之，我虽姓'彭'，但心中永远姓'百家姓'。"

本书以翔实的史料、深沉的情感、流畅的文笔、紧凑的情节描写了彭士禄传奇的一生。本书也是广大军事爱好者和青少年朋友了解中国核潜艇和核电站发展历史的一本难得的读物。

舒德骑

2024 年 12 月 18 日

彭士禄
1925—2021

如活着能热爱祖国,忠于祖国,为祖国的富强而献身,足矣!

目　录

序　幕　一个传奇人物和他传奇的事业　　　　　　　　001

第一篇　苦难的童年少年　　　　　　　　　　　　　007～036

第一章　血雨腥风的岁月　　　　　　　　　　　　　　008
　　　　父亲慷慨上刑场　　　　　　　　　　　　　　008
　　　　为革命牺牲的亲人们　　　　　　　　　　　　012
　　　　雨夜逃出敌人的魔爪　　　　　　　　　　　　015
　　　　年仅8岁的小囚犯　　　　　　　　　　　　　018

第二章　挣扎在生死边缘　　　　　　　　　　　　　　021
　　　　铁窗之下的煎熬　　　　　　　　　　　　　　021
　　　　他差点死在"感化院"　　　　　　　　　　　023

第三章　命运多舛的少年　　　　　　　　　　　　　　027
　　　　四处流浪的小乞丐　　　　　　　　　　　　　027
　　　　再次被捕进牢房　　　　　　　　　　　　　　029
　　　　游击队的小战士　　　　　　　　　　　　　　033

第二篇　求学生涯的淬炼	037 ～ 056
第一章　人生巨大的转折	038
周恩来接他到重庆	038
在革命的熔炉里	041
第二章　在异国他乡的土地上	045
在苏联的留学生涯	045
一切服从祖国需要	048
希望寄托在你们身上	052

第三篇　神圣而艰难的使命	057 ～ 076
第一章　核潜艇研制拉开帷幕	058
一个绝密的战略决策	058
有情人终成眷属	062
第二章　敢问路在何方	067
毛泽东坚不可摧的信念	067
理想与现实的矛盾	070
一个决定命运的雨夜	073

第四篇　激情燃烧的岁月	077 ～ 124
第一章　负重砥行志愈坚	078
压力之下更有动力	078
义无反顾坚定前行	082

第二章　不到长城非好汉　　086
罗布泊吹来的春风　　086
特立独行的科学家　　090
事实终归胜于雄辩　　094

第三章　险象环生的途程　　099
"天蝎"号沉没的悲剧　　099
到西南偏远的山沟去　　102
酒精和啤酒的理论　　106

第四章　绝境中卧薪尝胆　　110
煤油灯下创造奇迹　　110
伉俪情深总相随　　114
工程最紧张的时期　　118
一曲悲壮而动人的歌　　121

第五篇　震惊世界的壮举　　125～162

第一章　启堆前的果断决策　　126
"彭大胆"和"彭拍板"　　126
万事俱备只欠东风　　130
周总理听取汇报　　134
启堆面临三种可能　　138
周总理专机送他们回川　　140

第二章　横空出世向大海　　142
一场惊心动魄的试验　　142

　　　　风雨过后是彩虹　　　　　　　　　　　145
　　　　发起总攻前那一刻　　　　　　　　　　148
　　　　大海拥抱钢铁巨鲸　　　　　　　　　　150
　　　　他差点命丧工地　　　　　　　　　　　155
　　　　火箭从深海飞向苍穹　　　　　　　　　157

第六篇　中国核电拓荒牛　　　　　　　　　163～190

第一章　披荆斩棘攀高峰　　　　　　　　　164
　　　　力排众议求真理　　　　　　　　　　　164
　　　　总理殷切的期望　　　　　　　　　　　168
　　　　听从召唤赴广东　　　　　　　　　　　172

第二章　转战南北建奇功　　　　　　　　　176
　　　　大亚湾的日日夜夜　　　　　　　　　　176
　　　　俯瞰秦山核电站　　　　　　　　　　　180
　　　　一生只做两件事　　　　　　　　　　　186

尾　声　愿将此身长报国　　　　　　　　　191

彭士禄大事年表　　　　　　　　　　　　　194

参考文献　　　　　　　　　　　　　　　　202

后　记　　　　　　　　　　　　　　　　　205

序　幕
一个传奇人物和他传奇的事业

他生肖属牛。

牛，有着吃苦耐劳、坚韧倔强的秉性。他喜欢牛，在他的书房里，摆着形态各异的牛的雕像，但他最喜欢的还是拓荒牛——这头牛，是他人生的写照、生命的缩影。

他几十年人生的征途就像这头拓荒的牛，带领战友们在神秘莫测、险象环生的核能领域，披荆斩棘，默默耕耘，让中国这块原本荒凉的土地上开满了艳丽的鲜花，结出了沉甸甸的果实！

核能，如今人们对它已不再陌生。

但在过去，整个世界都谈核色变。

20世纪初，著名科学家卢瑟福发现，用一个α粒子轰击另外一个原子会得到一种新原子，并由此建立了原子的核模型。在此基础上，人们发现了利用中子的方法，并发现了链式反应，逐步掌握了核裂变这样一种巨大的能源释放方式。

核能，在当时人们已知的范畴中，它的神秘和威力，让人仰视和不安，它既能给人类带来福音，又会带来深重的灾难——所以这把双刃剑一出现，就连发现它的科学家们也不停地在胸前画着十字，反复叩问上帝：核能的问世，给这个星球及这个星球上的居民们，带来的到底是喜还是忧，是福还是祸呢？

是啊，美好的初衷，如被善良的人驾驭，它开出的将是造福人类的花朵；而一旦被坏人利用，毫无疑问地将结出残酷无情的恶果。有人说，核能是《一千零一夜》中渔夫手里那个装着魔鬼的小瓶，是万万不能轻易打开的！

但，核能的威力实在太大了，对人类的诱惑力实在太强了，发明者自然舍不得放弃；而西方那些想维持霸权的政客，更是窃喜，把它作为炫耀淫威和讹诈世界的超级武器。所以，一个国家如果拥有核力量，在政治、经济、军事上的意义不言而喻。

受尽列强侵略、欺凌、讹诈的新中国，面对横空出世的核能，该怎么办呢？中国需要它吗？能把它搞出来吗？搞出来以后能够驾驭它吗？……这一连串的问题，非常现实地摆在了中国人面前。

回答是肯定的。

中国作为一个大国，疆域辽阔，人口众多，近代以来列强们对她总是虎视眈眈，恣意妄为。威力无穷的核能，当然是不可或缺的！为了打破西方集团的讹诈和围堵，为了捍卫祖国的安全和尊严，保障人民进行和平的劳动和建设，中国在核能领域不但不能缺席，而且绝对应该拥有一席之地！

可是，刚刚在战争废墟上建立起来的新中国，一穷二白，满目疮痍，能搞出这种世界最尖端的工程项目来吗？西方人断言：中国人想依靠自己的力量把核能搞出来，无非是乌托邦式的幻想罢了！

华夏大地，历来不乏赴汤蹈火的热血之士，也不乏埋头苦干的拓荒之人，更不缺一往无前的科学探险者——让世人想破脑袋也不敢相信的是：在短短的时间里，中国科学家不但登上了核能的巅峰，而且镇定自若地在巅峰上微笑呢！

1970年7月18日，在西南某试验基地，中国核潜艇的心脏——陆上核反应堆顺利启堆，经过一系列惊心动魄的试验，终于实现了满功率运行！8月30日，陆上核反应堆试验成功的消息，从大山深处传到成都，传到北京，传过太平洋、大西洋，进而传遍了整个世界。这让全体中国人为之欣喜，为之自豪，为之振奋！也让西方某些国家的政要和权威，始而怀疑，继而迷惑，再而尴尬，终而震惊……

中国第一个陆上核反应堆试验成功后，中国第一艘核潜艇也就拥有了"心脏"。当年12月26日，这艘核潜艇就在中国的海域下水，随后成功遨游深海，所向披靡！自此，中国人自豪地宣称：继美、苏、英、法之后，中国已成为世界上第五个能自主设计、建造核潜艇的国家！

谜，这简直是个谜！

中国核潜艇

魔术在中国源远流长,难道在核动力研制上,中国人也会变魔术不成?中国人在全世界严密的技术封锁下,在一无专家、二无经费、三无设备、四无资料、五缺粮食的艰难条件下,是怎么把潜艇核动力装置搞出来的呢?搞这个核动力装置的究竟是哪些人?领军的人物是谁呢?

谜,一切都是谜。

1978年3月18日,党中央在北京召开了全国科学大会。在这次大会上,中共中央副主席、国务院副总理邓小平发表了重要讲话。大会还对新中国成立以来取得重大科技成果的人员，进行了隆重的表彰。

当一位衣着简朴、个头不高的老人走上领奖台时，会场响起了热烈的掌声。当无数闪光灯和镜头对准这位老人时，国内外的新闻记者这才如梦初醒——原来，这些年来，设计建造中国核动力装置的领军人，正是这位其貌不扬、默默无闻的老人！

他，就是世界著名的核物理学家、中国工程院院士、中国核潜艇第一任总设计师、中国核动力事业的开拓者和奠基人之一，他的名字叫——彭士禄。

这是一位传奇的人物，毕生都在从事传奇的事业。

第一篇
苦难的童年少年

几十位"母亲"给我的爱抚,感染了我热爱百姓的本能。父母亲把家产无私分配给了农民,直至不惜生命。他们给了我要为人民、为祖国奉献一切的热血。延安圣地培育了我自力更生、艰苦拼搏、直率坦诚的习性。总之,我虽姓"彭",但心中永远姓"百家姓"。

第一章　血雨腥风的岁月

父亲慷慨上刑场

云帐铅灰，夏蝉嘶叫，让人压抑和烦躁；从黄浦江上吹来的风，也夹杂着阵阵腥浊的味道。

1929年8月30日午后，上海龙华国民党淞沪警备司令部阴暗的牢房里，一阵叮当的镣铐声猝然响起。随即，一个面目清癯的青年，带着满身的血迹和伤痕，拖着沉重的脚镣，在一群穷凶极恶的军警押送下，从戒备森严的监狱里蹒跚着走了出来，向刑场走去。

彭湃烈士

走过监狱甬道，走过铁栅栏，走过一座小石桥，前面就是刑场了——这个刑场，自从国民党反动派发动反革命政变、疯狂屠杀共产党人和革命群众以来，优秀的共产党早期领导人罗亦农、赵世炎、陈延年、陈乔年等人在这里英勇就义；李求实、柔石、殷夫、胡也频等革命志士也在此遇难。而今这位即将走上刑场的青年毫无惧色，高唱着《国际歌》缓缓朝这里走去。

来到那杂芜污浊的草坪上，他

用不屈的目光，看了看远处阴森的牢房，看了看阴霾密布的天空，像在同亲人和同志们作最后的诀别……

死，对于他来说，其实早已被置之度外。在生命的最后时刻，他在给党中央写的信中讲道：

我等此次被白害，已是无法挽救。张、梦、孟都公开承认，并尽力扩大宣传。他们底下的丘及同狱的人，大表同情。尤是丘等，听我们话之后，竟大叹气而捶胸者。我们在此精神很好。兄弟们不要因为弟等牺牲而伤心。望保重身体为要。[1]

随后，他还在牢房墙上画了一条飞龙，乐观地对同室难友们讲道："我快要上天了！"临走时，他又将身上的衣服脱下来送给了难友，并慷慨激昂地向难友和押送他的士兵作了最后的演讲。

"预备！"军警簇拥着那位青年，缓缓来到草坪上，一个军官举起手枪，向刽子手下达准备行刑的命令。

"你们只能夺去我的生命，丝毫也动摇不了我的信仰！"最后的一刻到了，这位青年昂然站立着，冷冷地注视着前面黑洞洞的枪口，尔后举起戴着镣铐的双手，奋力高呼："打倒帝国主义！打倒反动军阀！中国共产党万岁！中华苏维埃万岁！……"

这位青年，就是中共中央政治局委员、中央军委委员、中央农委书记兼江苏省委军委书记、海陆丰农民运动和革命根据地的创始人——彭湃。

同一天，和彭湃一同走上刑场的还有杨殷、颜昌颐、邢士贞几位战友。他们都是被叛徒出卖后被捕的。他们被捕后，国民党特务欣喜若狂，妄图从他们身上挖出中国共产党在上海的中央机关来。然而，任凭特务们威逼利

---

1 彭湃. 彭湃文集[M]. 北京：人民出版社，2013：374.

诱、施尽酷刑,他们始终坚守信念,咬紧牙关,没有一个人出卖自己的组织和同志。消息传到蒋介石那里,他恼羞成怒,向国民党淞沪警备司令部下达了对彭湃等人执行死刑的命令。

彭湃是个顶天立地,生而为理想、死而为信仰的人。他牺牲时,虽年仅33岁,可他的声名国人早已耳熟能详。他是广东海丰县人,出生在一个大地主家庭,曾两次留学日本。在这样的家庭中,他本可以过着大少爷那种衣来伸手、饭来张口的优裕生活,可他对这一切毫不留恋。幼年时,他目睹了太多农民悲惨的生活境况,见到了太多地主盘剥农民的丑恶嘴脸,因而产生了对地主阶级强烈的厌恶之感和对贫苦农民深深的同情之心。

"长太息以掩涕兮,哀民生之多艰。"

为了天下贫苦百姓的解放,彭湃毅然与自己的阶级决裂,烧毁了自家的地契,把土地分给了穷人。从日本留学回来后,他经常穿着破烂的衣裳,深

彭湃烈士像

入贫苦农民之中，发动和组织农民团结起来为自己的命运抗争，进而在他的家乡掀起一场轰轰烈烈的农民运动，并建立了海陆丰苏维埃政权和农民武装。此后，他还在广州创办了农民运动讲习所，为中国革命培养了一大批农民运动骨干；他撰写的《海丰农民运动》一书，成为从事农民运动者的必读书；他也被誉为"农民运动大王"。同样从事农民运动的毛泽东，对海陆丰农民运动给予充分肯定，他在《湖南农民运动考察报告》中指出："县政治必须农民起来才能澄清，广东的海丰已经有了证明。"[1]

可在封建军阀、地主武装的疯狂反扑和血腥镇压下，海丰、陆丰、惠阳如火如荼的农民运动失败了。在白色恐怖中，彭湃无所畏惧，毫不气馁，继续组织党员和群众进行地下斗争。他深信星星之火，可以燎原，革命一定能够取得成功。此后，他继续组织农民武装，坚持在海陆丰等革命根据地进行游击战争。1927年8月1日，他协助周恩来等人领导了南昌起义。未曾想，他来到上海工作后，被叛徒白鑫出卖，不幸被捕。在狱中，敌人对他进行了严刑拷打，威逼利诱，但他视死如归，最后决绝地走上了刑场！

大丈夫宁当玉碎，安能汲汲求苟活哉！

"真是顽冥不化，死不悔改！"此时，指挥行刑的军官见彭湃宁死不屈，大呼口号，他气急败坏朝天放了一枪，声嘶力竭地大叫道："行刑！行刑！……"

"呼、呼呼……"枪声响了。

彭湃身体摇晃了几下，倒在了敌人枪口之下，他的鲜血顿时染红了身下的草坪。

时任中共中央军委书记的周恩来，是彭湃最亲密的战友。他听到彭湃等同志遇难的噩耗后，悲愤不已，连夜代表党中央起草了《中共中央为反抗国民党屠杀革命领袖告全国劳苦群众书》，愤怒声讨国民党当局屠杀彭湃等革

---

[1] 李雄鹰. 彭湃："农民运动大王"[N]. 人民日报，2018-6-16.

命者的滔天罪行,并追述他们的革命业绩,号召"全国工农劳苦群众们!起来!纪念着彭杨诸领袖之血的教训!起来,与帝国主义国民党作坚决不断的斗争"[1]。

随后,周恩来亲自部署了铲除叛徒白鑫的行动。在中央特科情报科科长陈赓的周密策划下,11月11日深夜,在上海法租界,"锄奸队"队员复仇的子弹,干净利落地结束了叛徒白鑫罪恶的生命。

为革命牺牲的亲人们

就在彭湃牺牲的前一年,广东海丰县农民运动失败后,在县城老车头刑场上,也出现国民党枪杀共产党人的血腥场面。

1928年9月21日,这一天天气阴沉,海丰县城混浊的街道上,突然嘈杂起来。一队国民党军士兵气势汹汹、如临大敌般押解着一个被棕绳捆绑、背插死囚标的年轻女子,朝老车头刑场走去。这个年轻女子的死囚标上写着"共匪苏维埃妇女主任"的字样。

"国民党又要杀人啦!"城里的人听说这个消息,纷纷涌上街头,人人面色沉重,惊恐而难过地望着那位被押上刑场的年轻女子——是啊,自从白匪军和地主武装镇压了海陆丰农民起义以来,整个地区笼罩在白色恐怖之中。这些白匪和地主武装反攻倒算,变本加厉地四处搜捕共产党人、农会干部和革命群众。自海丰县城沦陷以来,被他们杀掉的人已不计其数了。

"啊,这是苏维埃妇女协会的蔡主任呀!"街边人群中,有人认出了这位被推向刑场的青年妇女。

"对,她叫蔡素屏,是彭家的媳妇!"有人低声附和道,"这些白匪军太

---

[1] 中共中央文献研究室编. 周恩来年谱(1898—1949)[M]. 修订本. 北京:中央文献出版社, 1998:171.

歹毒了！抓不着人家男人，就连一个女子也不放过呀！"

此时，被白匪军押解的这个叫蔡素屏的年轻女子，尽管步履踉跄，头发散乱，身上还带着斑斑血痕，但她面无惧色，昂首挺胸，在士兵们的推搡下，她边走边大声高呼着："打倒国民党反动派！农会万岁！共产党万岁！……"

蔡素屏，是彭湃的结发妻子。她原本出生在一个富商家庭，是一个柔弱贤淑的大家闺秀。她16岁嫁给彭湃时，还是一双小脚。在丈夫的开导和鼓励下，她不顾封建世俗的眼光，大胆扔掉了裹脚布，勇敢走向街头和社会，成为一个新女性。婚后，她与彭湃夫妻感情甚笃。她跟着丈夫学习文化、了解社会，知道了妇女解放、男女平等的革命道理。在丈夫的启发下，她逐渐接受了革命新思想和新观念。和丈夫一样，她也与自己的阶级彻底决裂，走上革命的道路。

彭湃在海陆丰组织发动农民运动时，蔡素屏积极投身运动，全力支持丈夫的工作，并与丈夫一起深入农村发动农民、组织农会，还变卖了自己陪嫁的金银首饰，作为农会的活动经费。

1926年，根据蔡素屏的表现，组织上接收她为中国共产党党员。那天夜里，在摇曳的灯光下，蔡素屏举起右手，庄严地宣誓要为普天下劳苦大众的解放，为打倒反动军阀，建立一个新中国奋斗终身，永不叛党。

在海陆丰人民举行第三次武装起义、成立海陆丰苏维埃政权时，蔡素屏不负众望，被推选为海陆丰苏维埃妇女解放协会主任。

海陆丰人民的武装起义，极大地震惊了广东军政府，也震动了南京国民政府。反动军阀随即调动了大量军队，连同地主武装，对海丰县城进行疯狂围剿。由于敌众我寡，共产党领导的农民起义失败了。敌人攻陷县城后，不但烧杀抢掠，还大肆搜捕、屠杀共产党员、苏维埃干部和革命群众。在这场充满血腥的劫难中，由于叛徒告密，蔡素屏不幸被捕入狱。

国民党反动派，特别是当地那些土豪劣绅，对发动农民起来造反的彭湃恨之入骨。他们抓到蔡素屏后，将仇恨发泄在她的身上，对她进行了残酷的摧残和折磨。但蔡素屏践行了她的入党誓言，随时准备为党和人民牺牲一切，永不叛党。在刑堂上，她大义凛然，痛斥叛徒和审讯她的反动军官。敌人无计可施，咬牙切齿要将她处死。

9月21日上午，她被捆绑着游街示众后，押往刑场，倒在了敌人的枪口之下，牺牲时年仅31岁。

草木秋死，松柏独存。

在海陆丰这场轰轰烈烈的革命斗争中，在彭湃对真理的追求和坚定信仰的感召下，他的亲人们也相继追随他参加了革命。在彭湃领导的武装起义失败后，在白匪军和地主武装疯狂进行反攻倒算时，彭家有6位亲人献出了宝贵的生命：彭湃的结发妻子蔡素屏、第二任妻子许玉庆、二哥彭达伍、三哥彭汉垣、七弟彭述、侄子彭陆。其中彭陆牺牲时还是个17岁的少年，他在敌人的严刑拷打之下，坚贞不屈，宁死不降，气急败坏的敌人最后将彭陆残忍杀害，还把他的尸体抛进了珠江。

彭湃的母亲周凤，出生在一个贫苦的农民家庭，从小被卖到彭家当丫头，后来才成为彭家的媳妇。她善良聪慧、和邻睦族，受到彭家人的敬重。彭湃从日本回到家乡，烧毁田契把土地分给农民，发动农民进行革命，建立苏维埃政权，老人也深明大义，对儿子的行为表示了理解和支持。后来，她还把自己的积蓄和首饰拿出来，捐给刚刚成立的农会。在敌人开始疯狂反扑、彭家惨遭残酷镇压和屠戮时，她躲到了汕头，最后逃到香港，侥幸躲过敌人的追杀。但短短的几年时间里，彭家有7人先后遭到敌人残酷杀害，老人流干了眼泪，心里时时都在滴血啊！

当时彭家是富甲一方的豪门望族，一家人原本可以过着安逸悠闲，甚至醉生梦死的富人生活。可是，为了推翻黑暗的旧社会，为了天下劳苦大众的解放，他们散尽家财，冒着杀头的危险，毅然走上革命道路，慨然献出自己的生命。

民不畏死，奈何以死惧之。

彭家 2 位走上刑场的英烈——彭湃和蔡素屏，就是本书主人公彭士禄的父亲和母亲。母亲牺牲时，彭士禄才 3 岁；父亲就义时，他才 4 岁。小小年纪的他成了一个孤儿。父母对他的爱抚，他对父母的印象，只在他幼小的心灵中留下依稀的记忆；长大之后，父母惨烈牺牲时的情形，在他心中刻下深深的伤痕，他的心时时都在隐隐作痛。

雨夜逃出敌人的魔爪

风雨交加，夜黑如墨。

"伢子，你醒醒、你醒醒！"1928 年春天的一个深夜，彭家大院内，奶妈王婵突然冲进里屋，叫醒了正在熟睡的彭士禄，迅速给他穿上衣裤，急切地对他说："伢子听话，快跟王妈走！"

"王妈，我们要到哪里去呀？"年幼的彭士禄睡得迷迷糊糊，揉着眼睛嘟哝道。

"你不要问，跟我走就是了。"

王婵手忙脚乱地用背带将彭士禄背起，心急火燎地披上蓑衣，戴上斗笠，关上大门，顾不得外面雨声淅沥，黑咕隆咚，一头就扎进了雨幕之中。

彭士禄的奶妈王婵，是离彭家不远的毛竹湾人。她家原来也是彭家的佃户，生活非常贫困。自从彭湃将自家的土地分给佃农们后，她家自耕自收不用交租，日子才渐渐好过了一些。3 年前，她丈夫加入了农会，跟着彭湃外出后，她就来到彭家当奶妈。来到彭家，彭家上下没有把她当成佣人，而是把她当成家人。对彭家，她是感恩不尽的，因而把小士禄当成亲生儿子一样看待。

这些日子，她虽带着彭士禄住在乡下，但自从听说国民党白匪军、地主反动民团打回来了,她就成天心惊肉跳、提心吊胆。就在刚才,彭家原来的一个长工摸黑赶来报信,说白匪军当天中午已经打进县城,正在城里大肆搜捕参加起义的人员。

不好!在白色恐怖中,连山那边吹来的风,似乎也夹杂着浓浓的血腥味。机警的王婵马上意识到,既然白匪军和地主反动民团已经攻陷了县城,那么他们肯定马上会来彭家抓人!

想到这里,王婵不由得打了个寒噤。她马上简单地收拾了一下,叫醒了彭士禄,连夜冒雨往外逃去!

王婵的猜测没有错。海丰县城沦陷后,敌人一进城,就大肆搜捕共产党员,疯狂屠杀革命群众,并气急败坏地叫嚣:"对彭家的人,抓到一个杀一个,一个也不能留!"

当天晚上,虽然天色已晚,风雨交加,但是对彭家恨之入骨的白匪军军官和地主反动民团头子,迫不及待就带着人马朝彭家大院赶来,妄图将彭家人斩尽杀绝!

好在这危急关头,王婵背着3岁的彭士禄,从彭家大院里逃了出来!好险!王婵背着彭士禄刚爬上后山坡,就看见一大队人马提着马灯、晃着电筒从彭家大院对面的山坡冒了出来,瞬间就包围了整个彭家大院。

气急败坏的敌人扑了个空!他们连夜搜遍了整个彭家大院,还搜查了附近的农舍、房前屋后的竹林和庄稼地,传讯和审问了附近的村民,但他们一无所获,彭家的人一个也没有抓到。天亮时,他们恼羞成怒,一把大火将彭家大院烧了个精光。

当天夜里,王婵冒着风雨,背着彭士禄跌跌撞撞摸黑往山上的密林逃去。钻出密林,她高一脚低一脚地朝后山上爬去。泥泞的路上,王婵不知摔了多少跤,跌了多少个跟头。最后,她背着小士禄逃到山上的一座小庙里。

小庙里住着一个好心的老尼姑。深夜里她听见有人敲门,小心地打开庙门一看,原来是惊慌失措、一身泥水的王婵和小士禄。顿时,她就明白了。

这个小庙离彭家大院只有几里地,她知道彭家都是怜贫济弱、仗义疏财的好人,一听王婵和小士禄所处的险境,毫不犹豫地把他们收留下来。

可是,王婵带着小士禄在庙里才待了两天,又不免担心起来。由于小庙离县城太近,加之国民党、地主反动民团占领海陆丰后,不断派人清乡和搜山,如此一来,小士禄藏在小庙里也不安全。为了给彭家留下一条根,过了几天,王婵和老尼姑商量了一下,又背着小士禄躲到更偏远的山村。他在一个熟识的阿姑家里藏了起来。

阿姑家里有个小姐姐。她家虽然很穷,但对小士禄特别好,把他当作自己的亲人一样。平日里,阿姑和小姐姐吃的是苞米糊煮薯叶,给小士禄吃的却是大米稀饭。山里的夜晚很冷。小士禄有时醒来,桌上那盏如豆的桐油灯,还在寒风里摇曳着,阿姑在灯下给他缝补衣裳;有的夜晚,因为没有灯油,屋里一团漆黑,只听见山风在屋外呜呜地刮着。阿姑家只有一条破棉絮,三个人只能挤在一起相互取暖,盖着这条棉絮过夜。阿姑怕小士禄被冻坏了,常常把他搂在怀里度过漫长的黑夜。

在白色恐怖中,山下的风声越来越紧,连阿姑家所在的偏僻小山村,白匪军也来搜查过两回了。在阿姑家住了不久,为了小士禄的安全,地下党组织的人就来接他,准备送他到另外的人家去。临走时,阿姑抱着小士禄久久不肯松手,小士禄也抱着阿姑不肯离去。可是为了躲避敌人的追杀,只能离开这里呀!

小士禄含泪离开阿姑和小姐姐后,被转移到了一户新的人家。就这样,地下党组织和白匪军打起了"游击战",他们不断把小士禄东掩西藏,秘密寄养在拥护红军的穷人家里。小士禄一个月甚至几天就要换一户人家,而且每到一家,就认爹认妈认兄弟姐妹。

就这样,彭士禄在东躲西藏、转换腾挪中度过了好长一段日子。

"从我记事起,我记不清换了多少户人家。也许今天在张家,明天就到了王家。"采访时,彭士禄回忆道,"当时,我也记不清认了多少爹妈,认了多少兄弟姐妹。确切地说,我是吃百家饭,穿百家衣长大的——天下的劳苦大众,都是我的爹妈和兄弟姐妹!"

年仅8岁的小囚犯

寒风凛冽,黄叶飘零。

这天,《广州民国日报》突然刊出一条消息:《共匪彭湃之子被我第九师捕获》,这条消息旁还配有一张照片。照片上,一个面黄肌瘦、羸弱幼小的男孩,惝惶地站在监狱门口,不知所措地在张望着什么。看起来,这个小孩只有几岁,人似乎还没有监狱的马桶高,手臂还没有监狱的铁栏粗——这,就是被国民党捕获的彭湃之子吗?

这个小孩照片的背景是一道阴森森的石头圆拱门。细心的人一看就知道,这是汕头石炮台监狱。那里原是一个炮台,而今被改造成了国民党的监狱。那双层夹墙中的炮巷,就是专门用来关押犯人的。

"这些人真没人性!人家一个几岁的小孩,犯了什么罪呀,也要把他抓进监狱关起来!"

"听人说,这'刮民党'对彭家的人,是要斩草除根呀!"

"堂堂国军一个师的兵力,抓到一个几岁的小孩,也要拿出来作为战绩炫耀,这真是天大的笑话!"

"是呀,你看这么冷的天,这个小孩还光着脚

小彭士禄在汕头石炮台监狱

板，穿着一身单衣，在那阴冷的炮台监狱里，怎么过呀！"

……

国民党当局原想拿抓住"彭湃之子"这件事，在报纸上大肆进行反共宣传，以此来杀鸡儆猴、威吓群众，没有想到偷鸡不成蚀把米。凡是看到这张报纸的人，都议论纷纷，暗暗咒骂国民党太没人性。

这个小小的囚犯，就是年仅8岁的彭士禄。

原来，彭士禄在父亲牺牲后被国民政府列入搜捕范围。他只得东躲西藏，辗转海丰、澳门和香港，1931年夏，党组织将他转移到了潮安群众家里寄养。仅在潮安，彭士禄就先后被20多户人家收养过。后来党组织准备寻找机会把他送到中央苏区瑞金，但在通往苏区的路上，敌人进行了严密的武装封锁。为护送彭士禄到苏区，东江特委的两名干部，在路上被国民党匪军逮捕，最后惨遭杀害。瑞金去不成了，党组织只好把彭士禄送到红军队长陈永俊家里。

彭士禄由陈永俊的母亲潘舜贞抚养，彭士禄叫她"姑妈"。彭士禄在这里住了一年多，是相处时间最长的一家。潘姑妈家里很穷，她们以绣花为生。彭士禄对当时的情形记忆犹新："平时，在姑妈家只能吃些粗粮野菜，只有过年时，才吃了一回鹅肉。吃饭时，姑妈叫我吃肉，却叫她7岁的亲生女儿啃骨头。"彭士禄那时虽小，却很懂事，有了好吃的，一定要和小姐姐分着吃。

是的，潘姑妈一家人对彭士禄真是太好了！尽管家里十分贫穷，却省吃俭用，还送他上学堂去读书，用卖鹅攒的钱给小士禄交学费。小士禄也很懂事，他放学回来，不是帮姑妈放鹅、绣花，就是帮姑妈打柴、挖野菜。可这样的日子过了没多久，一场突如其来的灾难，就降临在潘姑妈母女和小士禄头上！

"哼，原来彭家这小子是躲在这里呀！"

1933年农历七月的一天早晨，一群团丁突然围住了潘姑妈的茅草屋，凶神恶煞地把潘姑妈、小姐姐和彭士禄从屋里赶了出来，不由分说地用麻绳捆住潘姑妈、彭士禄和小姐姐，押送到乡公所，随后又把他们送到潮安县城监狱。

由于叛徒出卖，彭士禄和潘姑妈、小姐姐一起被捕入狱。在潮安县城监狱里，彭士禄意外地见到了曾经抚养过他的"山顶妈妈"。这个监狱里关押的大多是贫苦的农民，还有不少红军伤病员和他们的家属。在这里，小小年纪的彭士禄，见到了太多的残忍和血腥。他知道，潘姑妈和"山顶妈妈"在牢里经受了白匪无数次的审讯，受尽了残酷的折磨。可她们宁愿把牢底坐穿，也咬紧牙关，始终不肯承认彭士禄就是彭湃的儿子。

"潘姑妈她们，对我比对亲生儿女还要好，没有她们，我早就不在这个世界了。她们有吃的先给我吃，有穿的先给我穿，自己挨饿却让我吃饱；有的为掩护我而去坐牢，有的甚至失去了丈夫、儿子！"

这个监狱关的人太多了，人满为患。这个监狱分为男监和女监，彭士禄太小，被敌人抓进来后，就和潘姑妈她们一起被关在女监里。小士禄在这个监狱关了不久，就被迫离开了潘姑妈和"山顶妈妈"她们。他和一批少年犯及红军家属，又被转运到汕头，关押进石炮台监狱。

石炮台监狱比潮安县城监狱更加阴森，更加可怖。小士禄来到这里，茫然无措。监狱里的人一个个衣衫褴褛，皮包骨头，他一个也不认识。

"你这小子，出来！"来到石炮台监狱后的一天上午，狱警突然来到狱室，指着彭士禄，恶狠狠地把他叫了出去。他们把他带出监室，扯掉了他披在身上的破麻袋片，揪着他的耳朵来到石炮台监狱门口。随后，这些狱警叫他站好，让一个陌生的人给他照了相。这张照片，随后就在国民党的报纸上登了出来。

他们这是要干什么呢？年幼的彭士禄当然不知道，这是国民党要把他的照片刊登在报纸上，宣扬他们"剿匪"的战绩，作反共的宣传，警示敢于反抗他们的人民，并威胁山里的红军游击队。

第二章　挣扎在生死边缘

铁窗之下的煎熬

石炮台监狱外面就是大海。

已是隆冬,炮台外面凛冽的海风呼啸,像山里的饿狼在嗥叫。潮湿的牢房冷得像一口冰窖。牢房很阴暗,石墙上只有一个小小的窗洞,能透进些许的光亮。

在这寒冷的冬天里,牢房里的犯人,没有被子盖,更没有火烤。每天晚上,8岁的小士禄都被冻得睡不着,只好用破麻袋片紧紧裹着身子,蜷缩在墙角,熬过漫漫的长夜。

在那些难熬的日子里,小士禄最想念的是自己的妈妈,也特别想念自己的爸爸和祖母——可他哪里知道,他的爸爸妈妈几年前已经被敌人杀害,他再也见不到他们了。他的祖母呢?自从1931年夏天小士禄与祖母失联后,而今也不知道她在哪里。

"起来,开饭了!"牢房的方洞里终于透进一缕晨光,小士禄好不容易熬到天亮,牢门外面有人叫了起来。

开饭?可这是什么饭呐!小士禄已经饿得肚皮贴着了脊背,可他端着那碗稀饭,实在吃不下去。那碗清水一样的稀饭霉臭扑鼻,上面还飘着小虫子。吃起来,满嘴都是沙子和石子,一不小心就要咯着牙齿。可为了活命,他只能憋着气闭着眼把它喝下去。

艰难的日子就这样一天天地熬着。

国民党的监狱，可谓活棺材。他们根本不管犯人的死活，监狱里潮湿、阴暗、肮脏、恶臭，老鼠、臭虫、蟑螂、虱子这些害虫无所不在。这里虽然靠着大海，可牢里就是不给犯人们供水。没有水洗脸，没有水洗澡，更不要说换洗衣裳了。如此一来，犯人们身上几乎都生了虱子，长了疥疮。彭士禄来到这里不久，也染上疥疮，身上长了虱子。一天到晚，他身上又红又肿、又痒又痛。时间长了，他的全身都抓出了道道血痕，身上还多处溃烂流脓。

在这极其恶劣的环境中，在没完没了的折磨下，监狱里经常死人。人死了，狱警也不安葬，就把死人就从炮台上扔出去，扔进大海里就了事。夜深人静时，那"嗵嗵"扔尸体的声音，不时从外面传来，让犯人们无不心悸齿寒，不知道哪天这样的厄运会落到自己头上来。

"小弟弟，到外面换换空气、晒晒太阳吧。"每到监狱放风时间，监室里的大哥哥们都这样招呼着彭士禄。

可彭士禄躺在角落的苇席上，有气无力地摇摇头。

"来，我们扶你出去吧，长期不晒太阳，人就会废了呀！"大哥哥们扶起小士禄，慢慢走到外面来。

整个监狱里，彭士禄的年纪最小，身体最弱。他在牢里每天又冷又饿，昏昏沉沉，眼前发黑。每次放风时，他也想到外面去呼吸一下新鲜的空气，见一见久违的阳光，晒一晒身上的霉气。可他一站起来，就感觉全身没有一点力气；走起路来，就像踩在棉花上一样轻飘飘的。他时常要靠同监室的大哥哥们搀扶着出去。

是呀，再这样熬下去，小小的士禄还能在监牢里熬多久呢？同监室的伯伯、叔叔和大哥哥们，看见彭士禄这副孱弱可怜的样子，都十分揪心。每次狱警来查监时，他们都向这些人哀求道："像他这样小的伢子，在这里多可怜呀！你们就做做好事，把他放出去吧，放出去他或许还有一条活路呀。"

"去去去，活该！谁叫他是共匪头子的儿子呢！"一脸横肉的狱警完全不为所动，总是这样恶狠狠地呵斥大家。

还好，小士禄命大。在那残酷的监狱环境里，在同监室的伯伯、叔叔和大哥哥们的照料下，他侥幸没有被饿死冻死，奄奄一息地活了下来。

寒冷的冬天过去。

炎热的夏天到来。

由于石炮台监狱关押的犯人太多，死的人自然也多，人死了狱方又不埋葬，就扔在炮台外的海里。久而久之，那些被扔进海里的尸体，有的被海浪冲到了海滩上来。这些已经腐烂了的尸体，引起了海上的船员和渔民、海边的居民和路人的恐惧及愤怒。后来，有那不怕事的记者将海边尸体的照片、监狱虐囚的劣行，在报上捅了出去！这一下，引起整个社会舆论哗然，市民对此表示了极大的不满和强烈的愤慨。国民党当局在巨大的舆论压力下，怕引起社会更大的"动乱"，不得不采取一些掩耳盗铃的办法，对监狱的管理稍许作了点"改进"，撤换了监狱长，让同监室的犯人将死尸拖到荒坡上掩埋。

在此情形下，彭士禄和十几个年幼的小孩，被转到了广州的"感化院"里关押。

他差点死在"感化院"

国民党所谓的"感化院"，就是对那些年龄幼小、"罪行"很轻、尚不够杀头和判刑的人进行"教育感化"的场所——这当然是国民党当局为了欺骗民众玩弄的一套自欺欺人的把戏。

这样的地方，虽然犯人还是没有自由，但条件比监狱稍好一点。饭虽还是吃不饱，但饭里少了些沙子和石子；放风的时间长了一些，犯人也可以多晒点太阳；还有，住室里有了一个水桶，能够用水抹一下脸、洗一下手；再有，就是屋里没有了尿桶，犯人可以上茅房了。

来到这里，小士禄多了一线活下去的希望。可他由于年纪幼小，身体本来就十分虚弱，加之几年来生活动荡、颠沛流离、营养不良，根本没有安稳的时候，人长得特别瘦小，被抓进监牢后，又挨饿受冻，不见阳光，他原本羸弱的身体变得越来越差。来到"感化院"没几天，他就生了一场大病。差不多一个月里，他又吐又拉，还发高烧、说胡话，浑身烧得像一块火炭。由于得不到治疗，他只能这样一天天地捱着。

一天深夜，恍惚之中，他看见了一些光怪陆离的景象，一个面目狰狞的人，呲裂着尖利的牙齿，披着宽大的黑袍，狞笑着向他走来！

"啊——"小士禄大叫了一声，猛地从那怪诞的情形中惊醒过来。醒来后，他满身大汗，心脏狂跳着，像要从胸膛里跳了出来！

"小弟弟，你怎么了、怎么了？！"睡在旁边的一个小哥哥听见彭士禄的惊叫声，翻身爬了起来，借着甬道里透进的微弱光亮，他看着彭士禄张着嘴，大口大口地喘着粗气。一摸他的额头，烫得吓人。

"我、好难受……"

那个小哥哥见此情形，赶紧抓起自己的破褂子，在门口的水桶里浸透了凉水，搭在彭士禄额头上。随即，他又用一块破布蘸着凉水轻轻擦着彭士禄的手心和脚心。

"谢谢哥哥……"天快亮了，窗洞里终于透进一丝光线，在这个小哥哥的照拂下，彭士禄似乎退了些烧，终于有些清醒过来，他嗫嚅着对小哥哥说道。

"我们都是兄弟，都是落难的人，还谢什么呀！"小哥哥端来一碗凉水，把彭士禄扶了起来，"来，你烧得这么厉害，要多喝些水。"

"谢谢哥哥……"这个从小缺少父母关爱的孤儿，望着眼前像亲人一样的小哥哥，不由得流下泪来。

这一场大病，彭士禄虽然从死神魔爪中挣脱了出来，可他病好之后，全身无力，腿脚瘫痪，站不起来了。

原来，彭士禄这场大病后，落下了严重的后遗症，走不动路了。在此后好长时间里，都是同室的这个小哥哥照顾他，出门晒太阳、上茅房，都是这个小哥哥背着他。

"哥哥，你把我放下来，我自己能爬出去。"彭士禄人虽小，但很懂事，不愿给小哥哥添麻烦。

"你是把我当外人呀！"小哥哥说，"我在山上时，队里的大哥哥们照顾我，比亲哥哥还亲呐。"

"山上？你在哪个山上？"彭士禄感到很诧异，他问。

"大南山。"小哥哥回答。

"哦，你是从大南山来？"彭士禄接着问，"他们是为什么把你抓进来的呢？"

"唉，这说来话就长了。"

后来，彭士禄才知道，这个小哥哥也是个孤儿，才14岁。他从小就失去了父母，只能沿街沿村要饭。那年，他在山里遇见了红军游击队，队里的叔叔哥哥们对他特别好，他实在舍不得离开他们，跟着他们走了几天，最后游击队收留了他。到被敌人抓住时，他参加游击队已有两年了。在游击队里，他不但学会了使枪，还会挖陷阱、埋地雷、扔手榴弹，还亲自参加过两次攻打白匪军的伏击战哩！

可不幸的是，在一次白匪军对红军游击队进行追剿时，小哥哥因脚踝受伤掉了队，被白匪军抓住了。早先，他被关在揭阳监狱里，也因年纪太小，还不够判刑条件，最后也被送到了"感化院"来。

彭士禄在"感化院"关了一年后，国民党为减轻负担，决定将经过"感化"的儿童和少年遣返——听到这个消息时，彭士禄却犯了难：遣返后，自己该回哪里去呢？

"跟我一起到揭阳去吧。"小哥哥说,"我们到揭阳去,看能不能再找到我们的队伍;如果找不到,就跟我到山里去,跟那里的人放牛放羊放鹅,好歹饿不死的。"

"好吧。"彭士禄想了想,点头答应下来。

屋漏偏逢连夜雨。彭士禄他们被赶上一艘轮船,集体运往汕头释放——没想到,船刚到汕头码头,人群就乱了起来,大家一窝蜂地往岸上冲去,一下就把彭士禄和小哥哥冲散了。小士禄一时惊慌失措,也随着人群往岸上冲去。他跑上岸后,从乱糟糟的人群里钻出来,大声呼喊,四处寻找小哥哥,可哪里还能见到小哥哥的影子!

小哥哥到哪里去了呢?彭士禄心里慌乱极了,只好茫然地随着嘈杂人流,到处去找小哥哥,直到天快黑了,他也没有找到小哥哥。

"唉,我那时年纪实在太小,太缺乏常识了,当时和小哥哥失散了,我应该在码头上原地不动,等他来找我呀!"采访中,彭老不无遗憾地说道,"这个小哥哥,我只记得他姓钟,我那时都叫他的小名'黑牛哥'。在'感化院'期间,都是他细心地照顾我、关心我,后来我们还结拜为兄弟哩!"

谈到这里,彭老陷入久久的沉思之中。他的思绪,仿佛越过那些尘封的岁月,回到与小哥哥相处的那些受苦受难、情同手足的日子里。过了一阵,他捋了捋满头的白发,满怀深情地接着说道:

"一晃几十年过去了,直到新中国成立后,我多次想回揭阳去寻找他,可一直抽不开身;从苏联留学回来后,我专门去揭阳找过他;还托了不少广东的朋友,四处去打听他,可没有他一点音信——至今,我都还在深深怀念着这位'黑牛哥',不知道他后来怎么样了呀!"

第三章　命运多舛的少年

四处流浪的小乞丐

深秋，草黄山瘦，风寒露冷。

纷纷的雨丝，带着深深的寒意，从山那边飕飕飘落过来。瘦骨嶙峋、蓬头垢面、衣衫褴褛的彭士禄，拄着一根打狗棍，拖着沉重的双腿，爬上一个山坡，往镇外的一座破庙走去。破庙里有他从地里搬来的一堆谷草，还有一条他从街上捡来的破麻袋。天，马上就要黑了，他要到那里去过夜。

暮色昏昏，路窄草湿。他脚下一滑，险些一头栽进旁边的水田里。他已经一天没吃东西，早就饿得饥肠辘辘、头昏眼花了。3个月前，他和"黑牛哥"意外失散后，举目无亲，茫然无措，不知道该怎么办才好。到达汕头的那天晚上，他在街头徘徊了很久。想来想去，他只能回到潮安潘姑妈那里去。他想，潘姑妈对他那么好，像自己的亲妈妈一样，只要到了她家，自己就有落脚的地方了。

但，回潮安的路怎么走呢？他想起6岁那年，七叔在准备送他到苏区的时候，曾经告诉过他，只要沿着铁路一直走，就能从汕头走到潮安——好，那就走吧。

毒辣的太阳在天上晒着，漫漫的铁路似乎没有尽头。一路上，小士禄又饥又渴、又累又乏，但他依然咬着牙，坚持向前走去。累了，就在树荫下歇一会儿；渴了，就捧田里和沟里的水喝；饿了，就刨农民残留在土里的红薯根吃；天黑了，就在路边的草垛里过夜。就这样，他整整走了两天才到潮安，才找到潘姑妈所在的金砂乡陈村。

可当他千辛万苦找到潘姑妈家时，大失所望：姑妈家门前长满乱草，屋檐下结了蛛网，家里一团死寂，一个人也没有！姑妈呢？小姐姐呢？她们都到哪里去了呀！长途跋涉的疲乏，极度失落的绝望，孤苦伶仃的无助，无家可归的辛酸……万般滋味一时间都涌上小士禄的心头。从不轻易落泪的他，孤独地坐在屋檐的石阶上，忍不住伤心地啜泣起来。

原来两年前，小士禄和潘姑妈一家人被白匪军抓走，敌人把小士禄转到汕头石炮台监狱后，潘姑妈还一直被关在潮安，至今也没放出来。小姐姐被释放后，她孤苦伶仃的一个小姑娘，也不知流落到哪里去了。天快黑了，小士禄哭累了，他抬起头来——面对眼前的情形，该怎么办呢？

"哎呀，这不是潘家伢子么！"天黑了，一个弯腰驼背的老人，拄着一根竹棍，挎着一个破篮子，蹒跚着从外面回来了，她看见了坐在屋檐下的小士禄，走上前来问道。

彭士禄抹了抹眼泪，一看是潘姑妈的邻居，平时小士禄都叫她"婶娘"。

"阿弟，怎么你一个人回来了？"婶娘上前拉起小士禄，对他说道，"走，进屋去吧，你还没有吃饭吧？"进了屋，婶娘从篮子里拿出一个冷红薯，递给小士禄。

就这样，在小士禄走投无路时，好心的婶娘收留了他。可婶娘家里也很穷，她无儿无女，年老体弱，又一身病痛，只能每天拖着病体四处要饭活命。

自此，小士禄只好跟着婶娘，沿街沿村乞讨，当起了小叫花子。饿了，跟人讨要一碗米汤，或一个红薯；天黑了，有时就在人家的屋檐下或破庙里歇息。这期间，为了有口饭吃，小士禄还帮人放鹅、放牛、打柴、拔草等，只要是能活下来的生计，他什么都干——是啊，像他这般年纪的富家孩子，还在大人怀里撒娇，放学上学都还要佣人接送哩！

没有办法，小士禄只能这样一天天捱着苦难的日子。

这天，婶娘病了，小士禄只好一个人出来要饭，来到这个叫"石板场"的地方。路太远，他回不去婶娘家了，只好又到这破庙来过夜。

这是一座残破的关公庙。在白色恐怖下，当地群众人人自危，庙里早已没有了香火，瓦砾遍地，蛛网密布，阴森森的；那些泥塑的菩萨，残头断臂，已经面目全非了。彭士禄好不容易走进庙门，在角落里的草堆里躺了下来。夜色朦胧，头昏眼花，彭士禄躺在草窝里，那庙里残破的塑像，一个个变得青面獠牙、面目狰狞，仿佛就要向他扑来！

小士禄不由打了个寒噤，他只好死死地闭了眼睛。黑夜沉沉，寒风瑟瑟，孤独无助，又冷又饿，他在草窝里辗转反侧，迷迷糊糊始终睡不着。夜更深了，外面的冷雨还在沙沙地下着，萧瑟的寒风从破庙大门吹了进来，墙角里不知名的寒虫在唧唧乱叫。小士禄裹了裹身上的麻袋，一门心思盼着天亮。天亮了，他就可以再出去要点吃的东西，至少可以到地里去捡一两个农民没挖尽的红薯充饥呀！

"我那时人小，劳累、孤单、恐惧、饥饿，我倒不怎么在乎。"彭士禄回忆起那些艰难的日子，说，"那时，我特别想我的父母和亲人，还有那个胜似亲人的潘姑妈。那年月，谁知我到底是怎么活过来的呀，真是一言难尽！"

冷雨淅沥，夜色深沉——天，怎么还不亮呀！

再次被捕进牢房

"你这小子，走！少跟我们啰唆！"

第二天彭士禄从破庙出来，村里一位好心的婆婆给了他两个红薯、一碗冷饭，他把冷饭给病中的婶娘送回去。可没想到，他刚走回婶娘家，突然从乡公所来了一群人，不由分说，又把小士禄抓了起来！这群凶神恶煞不顾婶娘的苦苦哀求,把小士禄押走。押到县城后,又关进了潮安县城监狱!

"我再次被抓,肯定是附近有那对彭家不满的人,向乡公所告了密!"彭士禄回忆说,"父亲发动农民起来造那些土豪劣绅的反,分他们的田地和浮财,他们对彭家的人,那是恨之入骨呀!"

这时,他从广州"感化院"出来,还不到一年。

进了潮安县城监狱,小士禄这回被关进了男监。

在这里,他又见到了原来关在这里的一些伯伯、叔叔和哥哥们。不少人在这里已经被关了好几年了。第二天,在牢里犯人放风时,他终于又见到了被关押了几年的潘姑妈!

"阿弟,你怎么又进来了?"潘姑妈见到小士禄,十分吃惊。望着一身褴褛、骨瘦如柴的小士禄,潘姑妈忍不住抱着他哭了起来。

"姑妈,别哭、别哭……我没事。"小士禄懂事地替潘姑妈擦着脸上的泪水。停了停,他问潘姑妈,"小姐姐呢?"

"你回家没见到她吗?"

"没有。"小士禄摇了摇头。

潘姑妈听到此话,一下就愣住了。少顷,眼泪又哗哗地从她脸上滚落下来。

就这样,小士禄被抓回监狱后,又过起囚犯生活来。可这一回,他在监狱里没被关上多久,一个意外的变故,改变了他的处境!

"你这小子,出来!"那天早上,狱警突然来到牢房,指着彭士禄,把他带出牢房,带到了监狱的门房前。小士禄有点莫名其妙,不知狱方又要玩什么把戏,是不是又要给他照相什么的——谁知,还没进门,屋里一个老太太一见他,叫了他一声,就跌跌撞撞朝他扑来,并死死地抱住他,伤心地哭了起来:"伢子呀,我的孙儿吔!造孽、造孽啊!……"

啊,原来是祖母周凤来找他了!

彭士禄的祖母得知儿子和儿媳被国民党杀害,最担心的就是年幼的孙子彭士禄。自 1931 年与彭士禄分离后，多年来，她无时无刻不在想念着孙子，无时无刻不在打听孙子的下落。自从她在报纸上得知孙子的消息后，就立即从香港赶到内地，动用了各种关系想把孙子营救出来。几经周折，她从汕头赶到广州，从陆丰赶到海丰，一路找来，到处求人，四处打听，费尽千辛万苦到处寻找小士禄——而今，她终于在潮安县城监狱找到了他！

"伢子，跟奶奶回家吧。"祖母哭够了，擦干眼泪，拉着小士禄来到监狱门房里，准备办理孙子的保释手续，带他离开这里。

可此时，小士禄明明知道这个抱着他哭的老人就是他的祖母，他却推开祖母，不认她，不想跟她走了！

"她究竟是不是你的祖母？！"监狱长见此情形，指着周凤问彭士禄。

小士禄摇了摇头。

"你这臭小子！连我都不认了呀！"祖母真是气昏了头，上前来就想给彭士禄一巴掌，可手始终没落下来。

"你去把他那什么姑妈带出来！"监狱长吩咐狱警。

"长官，他就是我亲侄子。他姓潘，我兄弟死了后，就一直跟着我。"狱警将潘姑妈带出来，她一看屋里的情形，和历次审讯她一样，一口就咬定彭士禄是她侄子。

"他怎么会是你侄子！"周凤更气得浑身发抖，"我说他是我孙子，我是有证据的——他的右脚大拇指上，有一块血痣，一按就变白了！"

"脚趾上有血痣的孩子多的是。"潘姑妈说，"我侄子跟我好多年了，你问他，我是不是他姑妈！"

彭士禄点点头。

祖母和潘姑妈争执不休，各说各的理。狱方一时辨别不清，只好把彭士禄和潘姑妈送回牢房。

"阿弟，她到底是不是你奶奶呀？"回牢房的路上，潘姑妈悄悄地问彭士禄。

"是。"彭士禄点点头。

"那你为什么不认她呀!"潘姑妈有些诧异了。

彭士禄张了张嘴,没说话。原来,彭士禄虽然年幼,但这些年坎坷的遭遇、残酷的处境,养成了他小心机警的性格。一来他怕贸然认下祖母,给祖母带来灾祸;二来他实在舍不得还在狱中的潘姑妈,永俊哥哥牺牲了,小姐姐也不知是死是活,他走了,将来谁来照顾潘姑妈呀!

"阿弟你的心真好!"潘姑妈似乎看出了彭士禄的心思,她对小士禄说,"你奶奶来领你出去,这是好事呀!你跟奶奶走吧,姑妈也不用你担心,你还小,出去后还能好好读书,将来等你有出息了,再来看姑妈吧。"

彭士禄与潘姑妈的合影

听了潘姑妈的话,彭士禄懂事地点了点头。第二次祖母再来监狱认领他时,小士禄才承认了自己是她的孙子,这让祖母喜极而泣。她马上请当地一个绅士作保,跟狱方办好保释手续后,带彭士禄离开了潮安县城监狱。彭士禄跟着祖母离开了潮安。

20多年后,当彭士禄从苏联留学回来,和夫人马淑英结婚时,专程赶回潮安去看望了潘姑妈。

游击队的小战士

"彭科,告诉你,我想走了。"1939年夏天的一个早晨,彭士禄起床后,悄悄收拾起几样东西,有点神秘地对堂弟彭科说道。

"哥哥,你真要走呀!"堂弟彭科比彭士禄小半岁,他说,"你真要到坪山去找彭雄哥哥呀!"

"对,这事儿我已想了好久,我早就想去当兵打日本鬼子了,可奶奶就是不同意。"彭士禄说,"趁她现在不在,我正好出走。她回来,你就告诉她,说我到彭雄哥哥那里去了,不要到处找我。"

"那,我也跟你一起去吧,我也早就想到彭雄哥哥那里去了!人家说,打仗离不开亲兄弟哩!"彭科说完,想了想又有点担心地说道,"我们这个年纪,去了人家会不会收留我们呀?"

"收,肯定会收!"彭士禄肯定地说,"我在'感化院'时,遇到的那个'黑牛哥',人家参加红军时,才12岁哩!我们今年都14岁了,人家肯定会收!"

"那,我们一起走!"

彭家两弟兄秘密商量了一阵,决定就这样神不知鬼不觉地离开香港。他们卖掉书本当路费,买了船票之后,悄悄离开香港,前往惠州坪山找抗日游击队去了。

彭士禄想到坪山去当兵，已经是"蓄谋已久"了。此时，正是书院放暑假期间，祖母有急事回海丰去了，把他托付给彭泽民医生照管——好啊，机不可失，时不再来，此时不走，更待何时！

两年前，祖母带着彭士禄，辗转潮安、广州等地回到香港后，立即就安排他上学读书。她希望孙子也能像他的祖父、父亲那样，长大后成为有学识的文化人。彭士禄在香港上的是圣若瑟书院，这个书院是当地教会办的，可以不交学费。书院除了教学生认一些汉字，主要教英文。彭士禄早先上过半年小学，因此到书院就上了二年级。祖母见孙子来到身边，不用再每天为他提心吊胆了，又见他每天能按时上学、放学，学习成绩还不错，便放下心来。

可没想到，1939年春天，彭士禄的堂兄彭雄的到来，彻底搅乱了彭士禄平静的生活，也搅乱了他刚刚平定下来的心境！彭雄比彭士禄大几岁，已是东江抗日游击队里的队长了！祖母不在时，他绘声绘色地给彭士禄和彭科讲游击队的生活。那些战斗经历，特别是那些打鬼子的故事，深深地吸引了两个少年。这个彭雄哥哥，是他们心目中的英雄，让他们对游击队的战斗生活无比羡慕和向往。

在彭雄离开香港要返回坪山时，彭士禄就央求祖母，让他跟彭雄一起到坪山去。可祖母一听此话，就大惊失色，她严肃地对他说："彭雄他们打鬼子我不反对，可你现在人还小，只能好好读书！等将来打跑了日本人，你有了文化，才有本领为国家做事呀！"

是啊，祖母这样的想法当然在情理之中。自己的儿子儿媳都牺牲了，留下彭士禄这个孙子，她费尽千辛万苦，好不容易才把他找回来，现在他年纪还这么小，怎么能让他又到外面去扑腾呢！彭雄他们的游击队，经常是要打仗的，战场上枪子可不认人，万一孙子有个三长两短，她怎么对得起他死去的父母呀！

见祖母态度这么坚决，彭士禄无奈，只好留下来继续读书。可他此时正是初生牛犊不怕虎的年纪，对外面的世界充满着幻想和好奇。他年纪虽小，却有自己的主张。此后，他在祖母的严密"监视"下，一边读书，另一边却在暗暗地寻找着机会——好了，现在书院放暑假，祖母又回海丰去了，此时他像一只没有了羁绊的鸟儿，可以展开翅膀，自由自在朝他向往的地方飞去了！

坪山在海那边惠州的山里。彭士禄和彭科坐船离开香港后，在惠州下了船，跟着一个到坪山去看望儿子的老奶奶，沿着一条竹林草丛中的小路，一直向前走去。傍晚时分，他们就来到了坪山。只见这里的情形与香港完全不同：沿途的路口上，有少年儿童站岗放哨；走进镇里，到处都贴着"抗日救国"的标语；石板街上，不断有背着枪的游击战士来来去去。眼前的一切，都令两个少年感到新鲜。他们向镇上的人打听游击队驻地，后来在一个扛红缨枪少年的带领下，他们来到一座祠堂里，一位挎短枪的叔叔接待了他们。

这位叔叔问明了他们来坪山的目的，知道了彭雄是他们堂兄后，立即就叫通讯员去找来队长彭雄。彭雄见是他们兄弟俩，感到很意外，却也很高兴。第二天，他就带着彭士禄兄弟，去见了司令员曾生。当曾司令知道彭士禄就是彭湃同志的儿子时，他拉住彭士禄的手，久久地端详着他，亲切地嘘寒问暖，问短问长。随即，他关照司令部的人，把彭士禄兄弟留下后，就安排在他身边的特务连，并嘱咐一定要注意保证他们的安全。

彭士禄和彭科在连长的带领下，来到后勤处，每人领到一套军装、一支步枪，还有10发子弹。太阳爬上了山，眼前闪耀着一片光明。彭士禄他们穿上军装，背上步枪，如愿以偿地成了游击队里的小战士——此时，别提他们有多神气、多威风、多高兴啦！

谁知好景不长！彭士禄到了坪山不久，才参加了几回军事训练，就病倒了！一来他蹲了几年监狱，身体受到摧残，体质太差；二来初到惠州，水土不服，患上了严重的疟疾。一连几天，他发高烧、打摆子，一会儿像掉进了冰窖，一会儿又像被送进了火炉。

彭士禄病重的事，连长很快报告给了曾司令，曾司令一听就急了。他知道，疟疾这种病是很凶险的，弄不好就有生命危险。他立即命令手下的人：坪山根据地医疗条件太差，为保证彭士禄的安全，马上通知香港地下党组织，把他接到那里去治疗！

如此一来，彭士禄他们的行踪终于被发现了！远在香港的彭泽民医生，这才获知彭士禄在坪山的消息！他是又喜又忧。喜的是彭家这两个小子终于有了下落；忧的是彭士禄得了重病，不知现在病情到底怎么样。

离家出走的两个小子当然不知道，自从他们失踪后，彭泽民像热锅上的蚂蚁，急坏了，他动员了所有的亲戚、朋友、熟人到处寻找他们，几乎找遍了香港岛、九龙、新界的每一个角落，可哪里能找到他们的影子！连日来，彭泽民心急如焚，食寐不安——丢了彭湃同志的遗孤，他怎么向组织、向彭士禄的祖母交代呀！

好了，如今终于有了彭士禄确切的消息，彭泽民心里的一块石头这才落了地。香港地下党组织负责人连贯同志得到这个消息，连夜派交通员赶到坪山去接彭士禄。尽管彭士禄有一百个不情愿，可交通员硬把他接了回来。回到香港后，医生接连给彭士禄打了几针"奎宁"，又输了几天液，在香港地下党组织同志们的精心照料和治疗下，彭士禄这才退了高烧，止住抽搐，病情慢慢缓和。

"你这臭小子，病好了起来，如果再敢跑——哼！"彭泽民见彭士禄身体渐渐康复，这才放下心来，但他虎着脸警告他，"如果再敢跑，下次我就不给你打退烧针，就给你打安眠针，让你睡上三天三夜！"

第二篇
求学生涯的淬炼

在苏联留学时,我从未在晚上12点前就寝过,要学的东西实在太多太多了呀!……当时苏联教授每教一节课,中国要另付80卢布的报酬。80卢布啊!这是老阿妈用血汗钱叫儿崽上洋学堂哩!我们能不努力认真学习嘛!

第一章　人生巨大的转折

周恩来接他到重庆

当年有一部风靡全国的电影,叫《闪闪的红星》。电影插曲《映山红》中有这样几句歌词:"夜半三更哟盼天明,寒冬腊月哟盼春风,若要盼得哟红军来,岭上开遍哟映山红……"这就是当年革命根据地的群众在红军撤离后,生活在白色恐怖、水深火热中真实境况的写照。

可是,小小年纪就生活在动荡、恐惧、苦难中的彭士禄,什么时候才能看到那岭上开满映山红呢?

1940年,他的命运迎来巨大的转折!

"孩子,终于找到你了。你很多地方长得像你父亲。"对彭士禄说这话的,是时任中共中央南方局书记的周恩来。[1]

周恩来不仅是一名信仰坚定的共产党员,更是一个重情重义的人。这些年来,为寻找彭士禄他们这些烈士的遗孤,他操碎了心。自彭湃同志牺牲后,他就安排各地党组织,尽全力要找到彭湃烈士的儿子。为了找到彭士禄,海陆丰地下党的同志不知想了多少办法、跑了多少地方,大海捞针一样,千方百计地寻找。这年8月,他们终于知道了彭士禄的下落。在他们的精心安排下,彭士禄和20多个烈士遗孤、干部子女被接到了广西桂林。

---

[1] 吕娜. 核动力道路上的垦荒牛:彭士禄传[M]. 上海:上海交通大学出版社,北京:中国科学技术出版社,2013: 33.

当周恩来得知彭士禄已到桂林，正由贺龙的妹妹贺怡照料时，立即派副官龙飞虎赶到桂林，要将彭士禄和其他 20 多个烈士遗孤、干部子女接到重庆，然后把他们转送到延安去。

小士禄当然不会知道，他的父亲彭湃和周恩来，既是生死与共的战友，又是亲密无间的兄弟。1924 年 9 月，周恩来奉命从法国回来时，到广州码头去接他的，就是彭湃。他们其实神交已久，只是未曾谋面罢了，共同的理想和对真理的追求，早就将他们紧紧联系在了一起。一见面，他们像久别重逢的老朋友一样。这一年，周恩来 26 岁，彭湃长他 2 岁，周恩来称他为"阿湃兄"。

刚到广州，周恩来没有住处，彭湃就把自己的房子让给了他。在他们相处的那些日子里，二人经常彻夜不眠，无话不谈，谈信仰、谈局势、谈人生、谈家庭，谈革命成功后建设新中国的理想。

1925 年，周恩来率黄埔学生军东征，两次到海丰，他都把政治部临时办公地点设在彭家大院。彭湃的母亲周凤曾短暂在广州住过，知道周恩来和彭湃的关系。她见周恩来到家里，便十分热情地接待了他们，把家里最好的房子腾出来给他们住。周恩来真诚地说："我和阿湃是兄弟，我也应该称您为母亲，您就叫我恩来吧。"

1927 年 8 月 1 日，彭湃协助周恩来，共同领导了南昌起义；起义失败后，起义军往南方撤退。1927 年 10 月，彭湃在海陆丰发动了武装起义，于 11 月建立了海陆丰苏维埃政权。1928 年 11 月，彭湃当选中央政治局委员，奉命奔赴上海，相继担任中共中央农委书记、中共中央军委委员、中共江苏省委军委书记等，在周恩来的直接领导下工作。

然而，突如其来的变故，让两位战友阴阳两隔！

1929 年 8 月 24 日，彭湃在上海新闸路经远里 12 号秘密主持召开江苏省委军委会议时，被叛徒告密，省委军委的同志全部被捕！周恩来因临时有事未参会侥幸脱险，而彭湃被捕后惨遭杀害。

而今，副官龙飞虎受周恩来指派，匆匆来到桂林，要将彭士禄他们送到山城重庆去。

"我们要到重庆去啦！"彭士禄和孩子们听贺怡阿姨这样给他们一讲，都很兴奋，恨不得马上插上翅膀，飞到那里去，"可，重庆到底是个什么样子呢？"

"重庆是古老的巴国都城，是长江上游最大的城市，现在是国民政府的陪都。"贺怡阿姨告诉孩子们："那里是座山城，原本是个很美丽的地方，可这两年，日寇飞机不分昼夜地对它进行轰炸，现在已被炸得不成样子了。"

是啊，贺怡说得没有错，日本人对重庆的轰炸，是继纳粹法西斯德国1937年在西班牙对格尔尼卡平民实施轰炸后，历史上最残酷的针对平民的战略轰炸。在仅仅两年的时间里，日本出动2000余架次飞机，对重庆进行了100余次轰炸，而且使用了大量燃烧弹。轰炸中，死伤的平民不计其数，无数的房屋被烧毁，有的地段被炸成平地。

"日寇飞机对重庆的轰炸，大火烧了几天几夜，造成数千人死亡，约20万人无家可归。"贺怡悲愤地对孩子们讲道，"轰炸后，昔日繁华的重庆变为一片废墟。重庆人民的生命财产和社会经济遭遇空前浩劫！"

"日本飞机这样猖狂，我们不能把它揍下来吗？"彭士禄听了贺阿姨的讲述，心里很沉重，他愤懑地问贺阿姨。

"我们国家太贫穷、太落后了，自己不能制造飞机，也不能生产高射炮，所以日本人才会那么疯狂。"贺怡告诉彭士禄，"孩子，你知道吗，落后就要挨人家打呀！"

"等我长大了，一定要发明一种超级武器，把日本人的飞机都给它打下来！"可以看出，开拓进取、保家卫国的种子此时已在少年彭士禄心中萌芽。

一切就绪，龙飞虎和贺怡领着孩子们，辗转云贵川，经过七八天的颠簸，终于到达重庆曾家岩八路军办事处。孩子们刚一进屋，一位面目和善的叔叔和一位和蔼可亲的阿姨就迫不及待地在人群中寻找起彭士禄来。彭士禄有点腼腆地走到这位叔叔跟前,立刻就被紧紧地搂住了。叔叔满怀深情地对他说道:"孩子,总算找到你了……"

彭士禄这时还不知道,眼前这个面目和善的叔叔,就是共产党大名鼎鼎的领导人周恩来;那位和蔼可亲的阿姨,是他的夫人邓颖超。好了,现在彭湃同志的儿子终于找到了,而且看起来这孩子和他父亲一样精明聪慧。周恩来端详着彭士禄,长长地舒了一口气,为总算找到战友的孩子而高兴、欣慰。

"孩子,你不知道,我跟你爸爸可是好朋友呀!"周恩来见彭士禄有点拘束,就抚摸着他的头,深情地说道。

彭士禄望着周叔叔,张了张嘴,却什么也没说出来。

"孩子,你爸爸是个了不起的人,你要把他作为榜样呀。"周叔叔亲切地对彭士禄说道,"这回准备把你们送到延安去,到了延安,你可要好好学习,好好工作,听党的话,服从分配,为你爸爸争光呀!"

彭士禄恭敬地站在周叔叔面前,懂事地点了点头。

初次见面,周叔叔说的话,久久地在彭士禄的耳边萦绕,萦绕了几十年,乃至一辈子——这一年,彭士禄刚满15岁。

在革命的熔炉里

此时,重庆正是盛夏时节,骄阳似火,热风燎原。

离开重庆的前一天,在龙飞虎叔叔的带领下,彭士禄和小伙伴们来到朝天门码头。他站在那高高的河岸上,久久地眺望着浩瀚的长江。长江滚滚向前流去,流向那遥远的东方——是啊,他们也马上就要离开这里,到遥远的陕北延安去了。

可延安到底是个什么样子呢?彭士禄对即将去的地方充满了幻想和憧

憬。龙飞虎叔叔告诉他：那里是革命的圣地，是毛主席和党中央的所在地；而且，那里有香喷喷的小米，有甜蜜蜜的红枣，有他爸爸许多好战友、好朋友，还有许多和他们一样的小伙伴。

别了，重庆！别了，敬爱的周叔叔和邓阿姨！

第二天，彭士禄和小伙伴们，在龙飞虎、贺怡等人的带领下，登上一辆大卡车，朝北开去。他们穿过川东的山路，越过成都的平原，翻过巍巍的秦岭，一路风尘仆仆，朝行夜宿，最后到达西安八路军办事处。由于要等待机会，彭士禄他们在西安待了一段时间后，才启程前往延安。

他们到达延安时，已是1940年的初冬季节了。这里虽说山黄了，草瘦了，还刮着呼呼的西北风，但孩子们经过千辛万苦，终于到达了他们心中的圣地，心里反而是热乎乎的。眼前的一切，让他们情不自禁地欢呼雀跃起来！抬头一望，是巍然耸立的宝塔山；低头一看，是潺潺流淌的延河水。骑着战马的八路军战士，正威风凛凛地奔向前线；粗犷的陕北老乡，正赶着毛驴和羊群，唱着"信天游"走上山岗；学校里传来孩子们嘹亮的歌声和琅琅的读书声！

延安，革命的圣地，也是彭士禄革命生涯的摇篮。

"小彭，来到这里，你想干什么呀？"延安八路军接待处的一位伯伯问他。

"我想参军上前线，去打日本鬼子！"彭士禄对伯伯说，"我原先就在游击队干过，还会使枪会投手榴弹呢！"

"小彭，不行啊，组织上研究过了，你年龄还小，准备叫你到学校去学习。"伯伯跟他讲道，"等你学好了文化，将来建立了新中国，还要靠你们来建设呢！"

"在哪里学习呢？"彭士禄问。

"组织上准备送你到'泽东青年干部学校'少年班学习。"

"唔。"彭士禄想了想，点头答应下来。虽然不能参军上前线杀敌，有点遗憾，但他牢记在重庆时周叔叔要他"听党的话，服从分配"的教诲，随即来到学校报到。一到学校，他就立即投入紧张的学习生活。课余时间，他还参加了学校的儿童剧团。

由于彭士禄先前只是断断续续读了几年书，而且面临南北方言不同的障碍，1941年他进入延安大学中学部学习后，刚开始他听不懂老师讲的课，学习很吃力。但他是个倔强的人，做什么事不做则已，要做就不甘落于人后。他十分珍惜这来之不易的学习机会，每天早上总是第一个起床，晚上吹过熄灯号才休息。早晨黄昏、节日假期，他都在啃书本、背公式、做作业、读课文。彭士禄凭着他的犟性和韧劲、聪慧和悟性，终于在期末考试时，获得了"优秀"的成绩，并被评为模范学生。

有月亮落下去。

有太阳升起来。

在延安那几年，从延河畔到枣园村，从清凉山到杨家岭，全新的军事化学习和生活，给彭士禄的人生留下一段充实而温馨的记忆。

也有让人遗憾的事。1941年12月，一架苏联飞机来到延安。当飞机返回苏联时，组织上准备选送一批青年到苏联学习，彭士禄就名列其中。可当时他正随学校的儿童剧团在安塞县演出，当工作人员把他从乡下找回来时，飞机已经起飞了，他失去了一次出国留学的机会。

1942年春，前方抗战的形势越来越紧。由于战争的需要，学校抽调了一批人到中央医院当护士，彭士禄自告奋勇报了名。他一直想早点参加工作，早点为战士们服务，为抗战尽到自己的努力。

来到医院后，他每天给伤病员端屎倒尿，洗衣喂饭，不怕脏、不怕苦、不怕累，得到医院首长和伤病员的一致赞誉。年底，他获得了"模范护士"的光荣称号。

在医院工作期间，彭士禄由于过度劳累得了肺病，时常咳嗽吐血，但他仍坚持工作。直到1943年8月组织下调令，他才不得不离开医院，回到延安大学中学部学习。1944年春,他进入延安大学自然科学院大学部化工系学习。

由于他政治上坚定、工作上表现突出,1945年8月1日,彭士禄光荣地加入了中国共产党,成为一名无产阶级先锋战士,且破例免去预备期,一入党即为正式党员,并很快当上党支部书记。

抗战胜利后,1945年年底,彭士禄进入张家口晋察冀边区工业学校学习;解放战争期间,他在宣化炼焦厂、阜平炼焦厂和炸药厂工作;石家庄解放后,他在石家庄炼焦厂任技术员。

1948年12月,组织安排彭士禄到哈尔滨工业大学进修。

1949年春,彭士禄被贺怡招至沈阳市委组织部。在那里,他又见到了贺怡阿姨,并见到了贺子珍阿姨,同她们生活了几个月。两位阿姨对他很关心,还亲手给他缝制了黄色呢子的中山装,这是当时彭士禄穿过的最好的衣服。1949年9月,他又转到大连大学应用化学系化工机械专业学习,上大学一年级。

1949年10月1日,毛泽东主席在天安门城楼上宣告中华人民共和国成立! 彭士禄仰望着学校操场上那飘扬的五星红旗,激动和欣喜的泪,从他的脸颊上流了下来——父母以及千千万万烈士用青春、热血和生命的代价,终于换来了新中国的诞生! 父辈们将旧社会彻底埋葬的夙愿,而今终于成为现实;他们为天下劳苦大众求解放的理想,而今终于得以实现!

爸爸妈妈,你们在九泉之下,可以瞑目了。

第二章　在异国他乡的土地上

在苏联的留学生涯

一列绿皮火车，载着 200 多名中国留学生从北京出发，蜿蜒着穿过东北平原，越过西伯利亚，朝着遥远的莫斯科驶去。

1951 年夏，彭士禄从大连赶到北京，参加留学考试，最终以优异的成绩入选留苏学生名单。此前在延安时，他错失了去苏联留学的机会。这回凭着自己的努力，他终于争取到了去苏联学习的机会！

经过长途旅程，留学生们来到了莫斯科。莫斯科的夏天，美丽而迷人，连从白杨树上飘落的树叶，似乎也变成了翩翩飞舞的蝴蝶。

人生真像一场梦。当彭士禄在幼年流浪和被囚时，他做梦也不会想到，自己能踏上苏联这片红色土地，成为一名留学生！他父亲两次远渡重洋到日本留学，在那里接受了马克思主义，回国后参加了反帝反封建的革命斗争；而今，自己到第一个诞生苏维埃政权的国家来留学，学习现代科学技术，将来学成归国后，更好地为新中国建设服务——子承父业，他们父子俩留学的地方虽然不同，但目标是相同的：前辈们打下了江山，就要由后辈们来保卫和建设。

这一年，彭士禄 25 岁。

抵达莫斯科的第二天，彭士禄等几名学生就被送到了喀山，学习了一年的专业俄语后，进入喀山化工学院化工机械系学习。后来，他们又转到莫斯科化工机械学院继续学习。在 5 年的学习时间里，彭士禄除了担任中共留苏学生党支部书记,做好党的工作,他就像一块海绵,如饥似渴地在科学的海洋中,拼命地吸收着各种现代科技知识。学习起来,他简直没日没夜、废寝忘食,大有古人凿壁偷光、悬梁刺股的求学精神。

彭士禄深深地明白,百废待兴的新中国,亟需科技方面的人才,亟需他们这批年轻人学成后回国来填补科技领域的空白。新中国的人民,是在节衣缩食地培养人才呀!那时,国家每派一名留学生所付出的费用,相当于国内20多户农民全年的劳动收入;每培养一名留学生花费,相当于培养国内20多名大学生的花费。

"在苏联留学时,我从未在晚上12点前就寝过,要学的东西实在太多太多了呀!单是化学课,就有普通化学、有机化学、物理化学、工业化学等课程。我记得,当时苏联教授每教一节课,中国要另付80卢布的报酬。"讲到

彭士禄在莫斯科红场

这里，彭士禄用潮汕话动情地说道，"80卢布啊！这是老阿妈用血汗钱叫儿崽上洋学堂哩！我们能不努力认真学习嘛！"

是啊，彭士禄的这种想法，也是当时所有留苏学生的共识。

"按理说，彭士禄是革命烈士的后代，他十几岁就参加了革命，革命经历丰富，也为革命做出过贡献，凭着他父母的名声，凭着他的资历，只要完成自己的学业，在国外镀镀金，回国后就会有不错的前程。"彭士禄的同学阮可强说，"但他完全不是这样。他从不陶醉在父母的光环之下，也不躺在自己的资历经历上得过且过，而是拼命学习，想学好本事，报效祖国。"

"对，彭士禄那时就讲过，他不能忘记周恩来总理对他的教诲，不能忘记老百姓对他的养育之恩。他的学习，是怀着对老百姓的感恩之情，怀着对新中国的热爱之情，怀着学成后建设祖国的强烈愿望。"彭士禄另一名同学韩铎说："他这个人，不是官场上那种投机取巧、左右逢源的人。说白了，他其实就是一个脚踏实地、品质高尚、卓越优秀的科学家！所以，他在同学群里享有很高的威信，很受大家的敬仰和尊重！"

有志者事竟成。1956年7月，经过5年的专业学习，彭士禄以优异的学习成绩、优秀的毕业论文，从莫斯科化工机械学院毕业，并获得"优秀化工机械工程师"证书。

彭士禄在成长过程中，由于长期处于危险和动荡之中，只能零零碎碎、断断续续地读书学习。儿时躲在潮安，潘姑妈送他到学堂读了半年书；从监狱出来被祖母带到香港后，他在教会学校读了几年书；来到延安，他在"泽东青年干部学校"少年班、延安大学的学习时间也不长；新中国成立后，他在哈尔滨工业大学和大连大学的学习，也多带有进修性质。所以他一直没有一个正规学校的毕业证书。直到来到苏联莫斯科化工机械学院，他才静下心来系统学习了几年。求学期间，他共修了36门课程，除3门成绩为合格外，其他33门课程成绩均为优秀，3门实践课程也是优秀。他以优异的成绩获得本科毕业文凭。1998年3月，俄罗斯教育部门专门查阅了他的学习档案，并给他发来一张证明书，承认当年应授予他工程硕士学位。

学成时，彭士禄已经31岁了。按理说，他学业已成，应该回国参加祖国的建设了。这时，他的同龄人大多早已结婚成家，孩子也满地跑了，而他还是个大龄的单身汉。正当他准备回国时，一个突如其来的变故，让他改变了初衷，又留在了苏联。从此，他与一项神秘的事业结下了不解之缘，并为之奋斗终身。

一切服从祖国需要

"彭士禄，刚才中国大使馆来电话，叫你马上到那里去，他们有事找你。"这天，有人突然通知彭士禄，叫他到中国驻苏联大使馆。

"他们没讲有什么事吗？"正在打点行装准备回国的彭士禄，闻言感到有些诧异，"前不久我还跟他们汇报了，学校举行毕业典礼后，我们就准备回国呢！"

"电话里他们没讲，你去了就知道了。"

彭士禄只好放下行李，和另外几名被点到名的同学赶到中国驻苏联大使馆。

"都这个时候了，叫我们到大使馆干什么呢？"一路上，彭士禄心里不断地犯着嘀咕。他万万没料到，这次去中国驻苏联大使馆，又将改变他人生的轨迹！

原来，就在彭士禄他们在莫斯科化工机械学院学习期间，继1945年美国在日本广岛、长崎扔下原子弹后，发生了一件令整个世界震惊的事情！

1942年5月，美国第一个核反应堆启堆试验成功后，接着在爱达荷州用核反应堆发电获得成功——令人瞠目结舌的是：1954年1月，美国人建造的"鹦鹉螺"号核潜艇,首次将核反应堆装在了潜艇上。这艘潜艇下潜深度达200米,水下排水量达4000余吨,主机功率达15000马力,水下最大航速达25节,是普通潜艇航速的1倍多!它自下水试航到第一次更换燃料,累计航行了6万余海里,这航程相当于环绕地球赤道两圈半!而所消耗的核动力燃料,只是一个高尔夫球大小的铀块——如果以柴油为燃料,则需要90节铁路油罐车进行运输。

不可思议,简直匪夷所思!

"鹦鹉螺"号核潜艇远航成功,再加上它后来与导弹联姻的消息一经传出,说句有点夸张的话,不但整个海洋,甚至整个地球都情不自禁战栗起来!

核能的威力巨大,世界各国在20世纪50年代中期争相投入巨大的人力物力,进行核技术和原子弹的研究和试验:美国成功爆炸了氢弹,英国成功爆炸了原子弹,苏联成功爆炸了氢弹,苏联的第一座核电站建设成功……说来也巧,几乎在同一时期,中国地质学家在广西富钟县山区,采集到了中国

美国"鹦鹉螺"号核潜艇

第一块高品质的铀矿石。

1955年1月15日，当这块非同寻常的铀矿石被送到北京后，毛主席异常重视，立即在中南海主持召开了中共中央书记处扩大会议。会上，书记处的领导听取了李四光和钱三强两位科学家的汇报，进一步了解了铀矿资源与发展原子能的密切关系、国际上核物理学的研究和发展情况，以及我国在这方面所进行的初步研究。会议作出中国要发展原子能事业的战略决策。[1]

要发展中国的原子能事业，单单有了铀矿是远远不够的，必须要有相当的技术储备和研制设备，最重要的是要有这方面的人才！可这时，我国的大学里还没有设立核技术专业，所有科研机构里也没有这个研究项目。20世纪50年代后期才开始在清华大学、上海交通大学和哈尔滨军事工程学院创建核技术专业。到20世纪60年代，我国才逐步培养出自己的核技术专业的学生。也就是说，在原子能领域，当时的中国还是一片空白——怎么办呢？

那只有一条途径：就是尽快吸引和培养这方面的人才。

党中央作出我国要发展原子能事业的战略决策后，当时国防科委主任聂荣臻、国防部副部长陈赓，正要率团到苏联访问。临行前，周恩来专门召见了他们，指示道：原子核动力是当今世界最热门的新兴学科，毛泽东同志高瞻远瞩，作出了未雨绸缪的决策，我们一定要尽力弥补这一领域的空白。你们到了苏联，争取他们能给我们一些技术上的帮助；还有，为了培养这方面的人才，你们到了莫斯科，要从我国留苏学生中，挑选一批人改学原子核动力专业。

如此，聂荣臻和陈赓到了莫斯科后，立即和中国驻苏联大使馆的同志会商，确定了留苏学生改学原子核动力专业的人选。

当彭士禄和阮可强、韩铎等几名同学匆匆赶到中国驻苏联大使馆后，陈赓立即接见了他们。众所周知，陈赓一贯是雷厉风行的军人作风。和彭士禄

---

[1] 中共中央文献研究室. 毛泽东年谱（一九四九——一九七六）：第2卷[M]. 北京：中央文献出版社，2013：338.

等人一见面，他没有任何客套，开门见山就对他们说："你们都是留学生，知道反应堆、原子能、核动力，是什么玩意儿吗？"说完，他首先就把目光投向彭士禄。

"没学过。"彭士禄回答，"但我知道，这些都是目前世界上最尖端的科学技术。"

陈赓点点头，神情严肃了起来，认真地说："不错，靠这些最新科技，美国和苏联都造出了原子弹，美国还造出了核潜艇，苏联大概也造好了。我们必须急起直追。中央有个决定，要让一批留学生改学原子能、核动力等专业，我们在这方面舍得花本钱。你们愿不愿改行？"[1]

"当然愿意，只要祖国需要！"彭士禄抬眸，正和陈赓希冀的目光碰在一起，他没有丝毫的犹豫，坚定地给出了答案。

"只要祖国需要，我们也愿意。"阮可强、韩铎等几名同学也异口同声地表示道。

临走时，聂荣臻热情接见了他们，勉励他们在苏联要好好学习，将来能担当起保卫祖国和建设祖国的重任。

从此，彭士禄的人生就与中国的核动力事业结下了不解之缘。

彭士禄虽然是学化工机械专业的，但他知道：在当时，原子弹、核动力这些学科，是世界各国都感到神秘至极的领域，被认为是高不可攀的险峰，但它们却是维护国家安全和发展、让一国能在国际舞台上说话的资本。现在组织上经过慎重考虑，挑选了他们，这不单是祖国对他们莫大的信任，更是祖国人民赋予他们的一项庄严的使命啊！

彭士禄等人转行到莫斯科动力学院学习的手续，由中国驻苏联大使馆负责协调办理。他们成为新中国首批学原子核物理专业的留学生，中国将来的安全和发展重任，也落到他们肩上了。

---

1 中国人民解放军总装备部政治部，奚启新. 钱学森传 [M]. 北京：人民出版社，2011：259.

希望寄托在你们身上

时值初冬,这是莫斯科难得的一个好天气。早晨,阳光从裂开的云缝中透射下来,映照在皑皑的白雪上。莫斯科大学主楼的那颗红星,在阳光下闪烁着熠熠的光泽。

这一天,是全体中国留苏学生一个盛大的节日。天刚亮,留学生们就从四面八方匆匆赶往莫斯科大学。昨天,各个学校的留学生得到学生会通知,毛主席和其他中央领导要在莫斯科大学礼堂看望和接见他们。

原来,1957年11月17日,是苏联十月革命胜利40周年纪念日。苏联政府邀请了社会主义阵营的各国政府、政党领导人参加庆典。毛主席应苏共和苏联政府的邀请,率团来到了莫斯科。在与苏共领导人赫鲁晓夫举行会谈、参加了他们隆重的庆典后,毛主席抽出时间,要在莫斯科大学接见在莫斯科学习的中国留学生和各单位的中国实习生。

彭士禄他们得到这个喜讯后,激动得夜不能寐。特别是阮可强、韩铎、华戈旦他们,更是异常兴奋。那天晚上,他们在寝室里谈论到很晚。谈毛主席在遵义会议上力挽狂澜,谈他在长征中的四渡赤水,谈他在抗战中的《论持久战》,谈他在解放战争中与八百万国民党军的大决战……

好啊!明天就可以见到这位缔造新中国的人民领袖了!

莫斯科大学位于列宁山。天刚亮,彭士禄一行就匆匆往那里赶去。莫斯科大学门前早已人山人海,群情激昂,留学生们和实习生们正排队查验身份,等待有序入场。

彭士禄抬头,望着莫斯科大学中央大楼上那颗红星,不由陷入短暂的沉思。

在紧张的日子里,时间总是过得很快。一转眼,彭士禄他们到莫斯科动力学院学习已经一年多了。这期间,正是中苏两国的"蜜月期"。中国共产党与苏联共产党是同在马克思列宁主义旗帜下并肩战斗的战友，两个国家处在同一个阵营，信仰同一个主义，同样在搞社会主义革命和社会主义建设，共同在对付咄咄逼人的西方帝国主义。两国如此亲密的"同志加兄弟"关系，也为彭士禄他们在苏联留学创造了极好的条件。

既来之，则安之。

在莫斯科动力学院学习期间，苏联教师和专家对中国留学生毫无保留，关怀备至。课堂上，老师们竭尽所能把自己的知识传授给中国学生。从原子核物理基本原理，到在实践中的具体应用，他们循序渐进，谆谆教诲，逐渐把学生们带进神秘的核能领域。几十年后，彭士禄还记得，给他们讲量子力学、中子物理、反应堆原理、反应堆工程课程的，是一位叫巴吉的教授；给他们讲传热学、材料学、热能动力学、反应堆控制课程的，是一位叫索娜科娃的女教授。单是物理、核动力的基础课程，就有20多门。彭士禄他们努力啃着这些深奥的课程，就像蚕儿啃桑叶一样，夜以继日不停地啃噬着，让自己有足够的能量慢慢成长，然后能够结茧成蛹，最后破茧成蛾。

为了增加中国留学生的感性认识和实践知识，学校还请了不少核物理研究所的专家来授课，给他们讲解核能在实际应用中的理论和实践问题；老师们还带领留学生到莫斯科附近的原子能研究所，去参观奥布灵斯克核电站。这是苏联建造的第一座石墨轻水堆核电站，也是世界上第一座核电站。在那里，彭士禄仿佛走进了一个神奇的迷宫，他目不暇接，大开眼界，心灵受到极大的震撼。

"那是我第一次见到核电站，没想到世界上竟然还有这样的发电方式！它的宏大、壮观、神奇、威力，完全超出我们的想象。"这次参观，给彭士禄留下终生难忘的记忆。几十年后，他对笔者讲道："我们的国家，那时实在太落后了，连水力发电、火力发电都还处于初级阶段，没想到人家已经实现用核能发电了！当时我就在想，什么时候，我们也能掌握这门技术，在自己国家的土地上建起核电站来呢？"

为了实现在祖国的土地上建起核电站的夙愿，彭士禄为此付出了自己全部的青春、热血、精力和智慧——当然，这是后话了。

太阳渐渐升高，大家开始有序入场。彭士禄随着人群，进入莫斯科大学宽敞的礼堂。这个礼堂能容纳 2000 多人，不到半个小时，就坐满了，最后到来的人，只好站在礼堂后面和两边的过道里。

少顷，台上突然传来主持人的声音："同志们、同学们，让我们以热烈的掌声，欢迎毛泽东主席及其他中央领导与大家见面！"大家一听，激情难捺，一下全都站了起来！一瞬间，雷鸣般的掌声就响彻整个礼堂。

毛主席穿着灰色的中山装，健步走上台，满面笑容走到台前，不断挥手向台下的同学们致意。紧随毛主席出现在台上的，还有邓小平、彭德怀等党和国家领导人。

稍后，毛主席缓缓走到中央麦克风前，整个礼堂里一下就安静下来，接着毛主席发表了那篇著名的讲话：

"世界是你们的，也是我们的，但是归根结底是你们的。你们青年人朝气蓬勃，正在兴旺时期，好像早晨八、九点钟的太阳。希望寄托在你们身上。"

接着，他又讲道："社会主义阵营和资本主义阵营之间的斗争不是西风压倒东风，就是东风压倒西风。现在不是西风压倒东风，而是东风压倒西风。"

会场不时响起一阵又一阵热烈的掌声。

毛主席再接着讲道："世界上怕就怕'认真'二字，共产党就最讲'认真'！"

最后，毛主席再次祝贺大家，向大家说，世界是属于你们的，中国的前途是属于你们的。[1]

---

[1] 毛主席会见留苏学生[N]. 人民日报，1957-11-20.

毛主席在莫斯科大学的这次讲话，不但鼓舞和激励着留苏学生，也勉励和鞭策着所有新中国的青年人。他这次讲话中的不少经典段落，后来成为全国人民耳熟能详的至理名言。

"一个伟人，和普通人的格局就是不一样。毛主席的讲话言简意赅、气魄宏大，既深刻明了，又十分风趣。"时隔几十年，彭士禄对当时的情形依然记忆犹新、念念不忘。

青年时的淬炼

第三篇
神圣而艰难的使命

凡工程技术大事必须做到清清楚楚,明明白白,心中有数,一点也不能马虎。但人总不完美,对事物的认识总有几分模糊。这时就要不耻下问、调查研究、收集信息、通过试验等来搞清楚。

第一章　核潜艇研制拉开帷幕

一个绝密的战略决策

啊，祖国，久违了！

啊，北京，我们终于回来了！

1958年4月，彭士禄以优异的成绩从莫斯科动力学院毕业，他听从祖国的召唤，与阮可强、韩铎等一大批留苏学生一起回国参加社会主义建设。

彭士禄他们回国之际，正是国内掀起"大搞原子能"之时。此时，连无孔不入的美国中央情报局也没察觉：在中国国防科技领域里，一个"绝密"的战略项目，已经悄然启动。

这一年6月27日，一份标着"绝密"字样的报告，以令人吃惊的速度得到周恩来、邓小平、彭德怀、毛泽东等中央领导的批示，并被秘密下发到了有关部门。这份文稿，是由国防科委主任聂荣臻元帅起草并报送中央的，它的文题是《关于开展研制导弹原子潜艇的报告》。[1] 核潜艇工程领导小组就此成立。

对于聂荣臻元帅关于研制我国"导弹原子潜艇"的报告，中央主要领导迅速统一了意见，这是很少见的。这项决定，绝非一时的权宜之计，更不是无的放矢的缓兵之策，而是中央深谋远虑、审时度势、立足长远、面向未来作出的一项重大战略决策！

---

[1] 杨连新. 见证中国核潜艇[M]. 北京：海洋出版社，2013：3.

近代以来，打开中国国门的强盗，几乎都是来自海上，我们决不能有海无防。毛主席说过：要有计划地逐步地建设一支强大的海军。[1]

是啊，积贫积弱的旧中国，任人宰割，不断受到列强的欺凌。自鸦片战争以来，列强倚仗着坚船利炮，多次从海上入侵中国。从辽东半岛的大孤山到海南岛的三亚港，几乎所有重要的港口和岛屿都遭受过侵略者铁蹄的践踏。仅从1930年到1939年，美、英、日、法、意、德、葡、西等国军舰肆意进入我国港口，从海上掠走我国大量财富！

列强们有恃无恐，无非就是仗着他们拥有现代的坚船和利炮。随着科技发展，他们的武器和装备也在不断地升级迭代。如此一来，将对中国形成更大的威胁。

翻开人类战争史，不难发现，人类新的发明成果，大多首先用于战争。就拿潜艇来说吧，它自问世以来就投入战争之中。1776年，美国人将潜艇用于南北战争之后，在第一次世界大战期间，德国人就将潜艇用于大规模战争。在短短的时间里，潜艇击沉各国船只4837艘，占各国战时船舶损失总量的87.7%。在第二次世界大战期间，德国人的潜艇击沉苏、美、英、法同盟国大中型舰艇300多艘，击沉运输船只2500余艘，总吨位达1500余万吨，占同盟国战时船舶损失总量的2/3以上！

英国和美国面对德国神出鬼没的水下魔鬼，伤透脑筋。为了对付这些水下魔鬼，英美出动了2000多艘猎潜艇、4000多架飞机、10万以上的人员进行防潜斗争——相当于25艘猎潜艇和50架飞机对付1艘潜艇，100个防潜人员对付1个潜艇艇员！

魔鬼，千真万确的水下魔鬼！

但德国的这些常规潜艇，同现代的核潜艇比起来，完全不能相提并论，只能是小巫见大巫。

---

1 中共中央文献研究室. 毛泽东文集：第6卷[M]. 北京：人民出版社，1999：314.

严格地说来，从 1620 年德雷布尔制造的第一艘机械潜艇算起，到 20 世纪 50 年代美国"鹦鹉螺"号核潜艇诞生，这期间的所有潜艇还不能算作真正的潜艇！常规动力潜艇，虽然威力惊人，但有致命的弱点：它下潜前必须深吸一口空气，潜到水下活动一段时间后，就必须浮上水面，再呼吸一口空气——如此循环往复地进行工作，说白了它只是像鲸一样，是在水下和水面游动的水生哺乳动物而已。

只有核动力潜艇，才是真正的潜艇，才是无拘无束遨游于大海的鲨鱼！装有核动力装置的潜艇，无疑是海下一座现代化的流动城市。它不需要外面的空气，轴功率、排水量、下潜深度等是常规潜艇无法比拟的，而且它可以无声无息地在水下连续潜伏几个月。它航行起来，噪声小于渔轮；它的航速，超过当时的火车；它每装一次燃料，可以绕赤道航行数周。这些优势让敌方极不容易捕捉它的踪影。一个国家即使地面设施全部被战争摧毁，但海洋深处只要还有一艘未被打击的核潜艇，它携带的导弹从水里发射出来，仍然可以摧毁另一个国家大批重要的政治、军事和经济目标！

这就是令人可怖的第二次核打击力量。

毫无疑问，面对如此严峻的国际形势，新生的中华人民共和国，为了保卫自己的领土，保护她的人民进行和平的劳动和建设，迫切需要拥有原子弹和核动力潜艇！

从战争中走来的聂荣臻元帅，自主持国防科委工作以来，就无时无刻不在捕捉着世界军事科研前沿的每一条信息，无时无刻不在以一个战略家的眼光审视未来战争复杂的势态，从而缜密无误地作出判断，制定出克敌制胜的对策。

几年前，当聂帅获悉美国的"鹦鹉螺"号核潜艇环球远航、从海底穿越北冰洋的消息后，他立即敏锐地意识到，世界海军将发生非同小可的战略性飞跃！

不久前，聂帅又获知美国"飞鱼"号攻击型核潜艇和"北极星"号导弹核潜艇已相继投入海军服役的消息。而且，美国从 1955 年起，每年都要建造 7 艘鱼雷和导弹核潜艇；在之后 15 年里，要建造 110 艘核潜艇，其中导弹核潜艇 40 艘、鱼雷核潜艇 70 艘。随着时间的推移和建造水平的提高，核潜艇超强的作战能力迅速凸显出来。据美国海军披露："鹦鹉螺"号核潜艇在历次军演中，遭受了 5000 余次攻击；按推演计算，若是常规动力潜艇至少会被"击沉"300 次以上；而动作灵活、行动迅速和隐蔽的"鹦鹉螺"号核潜艇，才被"击中"3 次！

另一个消息称，苏联目前不但制订了核潜艇发展计划，且已开工建造；英法两国也不甘落后，已经得到议会的批准，集中了大量的财力和人力，开始了核潜艇研制。

更令聂帅感到不安的是：美国的军舰，在短短的时间里，频繁侵犯我国领海，还多次穿越台湾海峡，严重威胁我国的主权安全。

此外，朝鲜战争之后，美国要把朝鲜半岛南部变成自己的原子战争基地。美军指挥官特鲁多甚至扬言，要把驻朝鲜半岛南部的美军变成"进攻的而不是防御的部队"。[1] 还有消息说，日本已经被纳入美国的原子战略体系，太平洋地区的美军也正在全面装备原子武器。[2]

更叫人万万不可掉以轻心的是，据相关情报称，蒋介石正在组建什么"中山科学研究院"，四处网罗人才、购置设备，还不惜花重金聘请以色列原子专家，开始进行原子弹研究……

三星西垂，万籁俱寂。

当聂帅捕捉到世界这些非同寻常的军事变化后，他食寐难安，常常整夜整夜地思索。如何才能让我国海军增强战斗实力，适应世界军事科技剧烈的变化，给自己的国家和人民一个和平安宁的环境呢？

---

1 朝中方面提出最强硬抗议 [N]. 人民日报, 1958-2-2.
2 美国阴谋变日本为原子战基地 [N]. 人民日报, 1958-2-2.

聂帅深深地知道，面对丧失理智的战争狂人，忍让、乞求、祷告，统统无济于事！渴求和平安宁的人们，只有举起手中的正义之剑，勇敢地对着战争这个恶魔的胸膛——舍此别无选择！

中国必须要铸就自己锋利的自卫之剑！落后，落后就要挨打！这是中国百年来屈辱的历史所证明的。中国不但要拥有强大的陆军和空军，而且应该拥有强大的海军；中国除了应该拥有原子弹、氢弹等核武器，还应该拥有自己的核潜艇！对中国来说，再也不能重蹈甲午战争时北洋水师全军覆没的可悲的历史覆辙了。

中国发展原子弹和核潜艇的重任，就历史性地落在了彭士禄他们这一代人身上。

有情人终成眷属

4月的莫斯科，冰雪尚未消融，从西伯利亚吹来的阵风，还带着深深的寒意。而此时的北京，天气已经渐渐转暖，举眼望去，柳枝开始发芽，迎春花已经盛开，处处洋溢着春天的气息。

彭士禄下了火车，深深吸了一口祖国温柔清新的空气，不由得叹道："在家千日好，出门处处难，还是自己的祖国好，自己的家乡好啊！"

此时，彭士禄离开祖国已经7年了。在赴苏留学的这7年时间里，他系统学习了从化工机械到原子核物理的专业课程，积累了丰富的现代科学技术知识，掌握了报效祖国、建设祖国的本领。这为他回国后开拓中国核动力这块处女地，奠定了坚实的理论基础。更重要的是，他在世界上诞生第一个社会主义制度的国度里，目睹了这个国家政治、经济、文化、科技、军事的发展状况，对马克思主义有了更深刻的认识，明白了父辈为建立这样一种社会制度不惜流血牺牲的根本原因，更坚定了他为实现人类社会的最高理想——

共产主义奋斗终身的信念。

　　以现在的目光看来，共产党人在掌握政权后，要想改变中国贫穷、落后的面貌，让一个传统的农业国实现工业化，就得虚心向先进国家学习，大力引进世界先进的科学技术——在新中国刚刚成立，百业凋零、百废待兴的最艰难时期，党和政府紧缩开支，派遣大量青年学生到国外学习，这实在是一个高瞻远瞩的英明之举！

　　彭士禄他们这一代留学生学成归国后，便投入如火如荼的社会主义建设事业中。无论在政治经济领域，还是在军事科技行业，他们很快就成为建设和保卫新中国的中坚力量，为实现中国工业化和现代化做出了不可磨灭的贡献。

　　回到北京后，组织上根据彭士禄所学的专业，分配他到第二机械工业部刚组建的北京原子能研究所担任工程师，兼任俄语翻译。

　　此时，彭士禄学业有成，留学生涯结束了，生活也基本安定下来，而且年龄已老大不小。在长辈们的催促、同学们的规劝下，他人生中的那件大事——成家，应该提到议事日程上来了！

　　这一年，彭士禄已经33岁，马淑英24岁。在国外，他们已经相恋多年。彭士禄这个从小就失去父母、流离颠沛的孤儿，早就应该有个属于自己的温馨的家了！

　　用他同学的话说，彭士禄和马淑英这对情侣，那真是郎才女貌、天造地设！说起他们的罗曼史，还有一段令人羡慕的趣闻哩！

　　俗话说"同船共渡前世修"，今生能同坐一条船是一种缘分，而且这缘分还是前世修来的；既然同船共渡都是一种缘分，何况是同床共枕的夫妻呢！仔细想来，人与人的相识相知，特别是相爱，既有偶然的原因，更有必然的因素哩！

　　彭士禄和马淑英的相识相知相爱，大概也离不开尘世间的这个逻辑吧。

　　1953年的一天，还在喀山化工学院学习的彭士禄，突然接到中国驻苏联大使馆的通知,让他这个学生会党支部书记,到车站去接一名叫马淑英的中国女留学生。

彭士禄刚到车站,从莫斯科开来的火车就驶进站来。当下车的旅客纷纷涌往站外时,一个身材娇小、面目清秀的中国小姑娘,正拖着硕大的行李箱,焦急地在站台上四处张望着。

"那肯定就是小马同学了。"彭士禄见状,赶紧跑上前去,"您,就是马淑英同学吧?"

"对对对,我叫马淑英。"那姑娘看了彭士禄一眼,连忙答道,"您是喀山化工学院的彭书记吧?"

"对,我就叫彭士禄。我代表喀山留苏学生总会,热忱欢迎您。"彭士禄打量了这位新来的姑娘一眼,赶紧接过姑娘手中的行李,亲切地对她说道,"我们走吧,今天您先到学生宿舍休息,明天才能去学校院长办公室报到。"

"谢谢,给您添麻烦了。"

"客气什么呀,这是我分内的工作。"说完,彭士禄带着马淑英,就往车站外走去。

"别人不信我相信,这人与人之间哪,有一种说不清道不明的东西,我们姑且称它为潜意识吧!有人相处一辈子,却形同陌路;而有的人呢,一见如故。特别是青年男女之间,一见钟情,这真不是虚妄之言!"采访时,彭老认真对笔者说道,"当时我和小玛莎一见面,才看她一眼,不知怎么的,心里就咚咚直跳,你猜怎么着?就喜欢上她了!"说完,彭老爽朗地笑了起来。

"哈,彭总的爱情真浪漫!"笔者受他情绪感染,顿时也少了些拘谨,"那,是您主动追求马老师的啰!"

"那当然!当我明白自己喜欢上人家后,没有任何犹豫,就主动发起了进攻。"彭老不无自豪地讲道,"我们留学生中,优秀的小伙子多的是,我不主动进攻,这个光彩照人的小玛莎,就会被别人追去了呀!那时候,我快30岁了,玛莎比我小9岁,我是老大伯,她是小妹妹。我主动进攻,她招架不住,后来小妹妹就开始照顾老大伯了!……"

哈,彭老真是个心地坦荡、风趣幽默的人。

是呀,这也不能怪彭士禄这个"老大伯"多情。这位小马同学,真是个人见人爱的姑娘,她不但人长得漂亮,而且说话轻言细语,举止落落大方,一看就是个典型的东方淑女。那时,她才18岁,虽然刚刚从遥远的中国东北长春来,一路旅途劳顿、满面倦容,但浑身上下依然洋溢着青春的活力和光彩——还有,人家还是个成绩优异的学生,是被保送到苏联留学的哩!

此后,两个年轻人,便心照不宣地暗生爱意。周末的傍晚,在落日的余晖下,在朦胧的暮色中,他们漫步在学校的林荫道上,席坐在绿草茵茵的草地上,谈各自的家庭身世,谈自己的兴趣爱好,谈将来的理想和愿望,谈中国的施耐庵、曹雪芹和蒲松龄,谈苏联的普希金、高尔基和奥斯特洛夫斯基……他们的谈话涉猎范畴广泛,几乎无话不谈。

交谈中,最让马淑英心生感动和爱怜的,是彭士禄知道父母被敌人残忍杀害时的痛苦、童年时期在监牢里生死煎熬的经历、少年时代四处逃亡流浪的惨况……每当这个时候,马淑英感同身受、心痛不已,甚至泪眼婆娑。

就这样,两颗年轻的心碰出了爱情的火花,共同的情趣和理想,把他们的心紧紧连在了一起。在异国他乡,他们恋爱了整整5年。但为了不辜负国家的培养,为了更好地完成学业,他们比一般的恋人少了些花前月下,少了些卿卿我我、耳鬓厮磨,强忍着对恋人的牵挂和思念,将主要精力投入了专业学习上,双双以优异的成绩毕业回国。

如今,瓜熟蒂落,水到渠成。回国不久,他们就结为了夫妻。在二人旅行结婚时,马淑英陪彭士禄回到了他的老家广东海丰,还专程去潮安看望了他的潘姑妈。婚后，他们相濡以沫、互敬互爱，生活上相互关心，事业上相互支持。第二年，他们迎来了爱情的结晶，妻子生下一个聪明伶俐的儿子，几年后又诞下一个漂亮可爱的女儿。

彭士禄和马淑英的结婚照

第二章　敢问路在何方

毛泽东坚不可摧的信念

北京原子能研究所地处北京郊区，由于刚刚组建，条件还十分简陋，没有像样的科研大楼，也没有正规的实验室和试验设备。彭士禄来到这里，抬眼一望，近处只有几排红砖平房，再远处就只有农田了。

彭士禄报到后，被分配在所里的核动力研究室。

在核动力领域中，中国人总算有了一块自己能够耕耘的土地。就是这个刚刚起步、毫不起眼的研究室，开创了中国自主研制核动力的先河——可彭士禄上班没几天，就看见一位同事翻译的一篇文章。这篇文章，让他受到莫大的刺激，除了感到愤懑，更感到屈辱。

西方某些喜欢对别人指手画脚的人对中国嘲讽道："现时的中国人，除了能造木壳的渔船和小航板，根本不具备建造现代船舶的能力。这条船上的东西，全是他们'老大哥'苏联的，他们只不过在别人指教下，焊接了一个空船壳而已。"[1] 美国海军方面在接受记者询问时讲道：现今的中国，连核潜艇的一片"鳞甲"也造不出来！

美国人的说法，到底有多少依据呢？他们的预言，有几分准确性呢？是可信、可靠，还是他们无中生有、信口雌黄？

---

[1] 舒德骑. 大国起航：中国船舶工业战略大转折纪实[M]. 北京：人民出版社，研究出版社，2020：3.

彭士禄原本是个眼里容不得一粒沙子的人，但在愤懑之余，竟然很快让自己冷静下来。知己知彼，方能百战不殆。倘若心平气和地想想，美国那些人，除了一叶障目、狂妄自大，还不能说他们完全是胡言乱语——当时，朝鲜战争刚结束不久，在一片废墟上建立起来的新中国，确实是百废待兴、百业待举。在一穷二白的条件下，要想搞出世界军事领域中最尖端的装备来，面临的困难实在太多太多——人才呢？资金呢？资料呢？工业基础呢？技术储备呢？……这一连串的问题，非常现实地摆在中国人的面前。

但，中国人向来说话是算数的！绝不会因为有人冷嘲热讽，有人隔岸观火，有人围追堵截，就停下自己前行的脚步——可是，到底该如何实施这项宏大的计划呢？

这犹如一个探险者，来到一片茫然陌生的沙漠边缘，虽然远方闪烁着忽明忽暗的晨星，眼前却是一望无际、寸草不生的沙漠——路在何方？该从什么地方起步，在没有路的地方走出一条路来呢？

茫然之中，中国人首先把穿越这片沙漠的目光，投向了遥远的莫斯科。

当时，苏联是世界上继美国之后，第二个拥有核潜艇的国家。他们的核反应堆研发出来后，成功地装到了"列宁"号破冰船上。这种型号的核装置，随后也用在了他们的鱼雷核潜艇上。所以，中国人把希望寄托在苏联"老大哥"身上。

当时，中苏两国是亲密无间的兄弟。按照常理，"老大哥"怎么会不帮"小兄弟"一把呢？

但事情果真如此吗？

说起来，关于超级武器核潜艇这件事，真是太敏感、太复杂、太微妙了！在核潜艇技术援助方面，"老大哥"的做派很有些让人失望，甚至令人沮丧。

1958年6月，中国政府正式向苏联部长会议主席赫鲁晓夫提出，希望他们给予核潜艇等海军项目的技术援助。同年7月，在赫鲁晓夫访华期间，毛泽东在与之会谈时，再次请苏方给予我国海军新技术的援助，但赫鲁晓夫采取了一种模棱两可的态度，既没有明确答复，也没有明确拒绝——大概他是当着主人的面，顾全主人的面子吧！

到了1958年8月，海军副司令员罗舜初随张爱萍副总长访苏，与苏方商谈海军科研规划。未曾想，苏方代表在商谈前首先就声明，有关核动力和导弹武器等尖端技术问题，不在商谈的范围，令罗舜初带领的海军专家组失望而归。

同样感到失望和沮丧的，还有中国海军政委苏振华。苏振华率团访问苏联时，提出想参观一下苏联的核潜艇，被苏方礼貌地拒绝了；后来苏振华他们提出参观"列宁"号破冰船，拖了一段时间，苏方才勉强答应，但随行的中国专家上船后，却只被允许参观其他舱室，核动力舱室谢绝参观！

这，这是什么"社会主义大家庭"，是什么"同志加兄弟"呀！苏振华有些沮丧，甚至有些愠怒——但，没有办法，我们是客人，来到别人家里，要"客随主便"呀！

紧接着，1959年9月30日，苏共中央领导人赫鲁晓夫率团来北京参加中华人民共和国成立10周年庆典，毛泽东亲自到机场迎接，随后和他进行了会谈。

中苏两国领导人这次不愉快的会谈，现在已成为公开的秘密。

几十年艰苦卓绝的革命斗争，铸就了毛泽东不屈不挠的无产阶级革命家的气概。赫鲁晓夫等人走后，他召集周恩来、聂荣臻、罗瑞卿等高层领导研究尖端武器发展规划。作为大国领袖，毛泽东当然知道，一个国家拥有了核潜艇，将意味着什么！在会上，他郑重地讲道："要下决心，搞尖端技术。赫鲁晓夫不给我们尖端技术，极好！如果给了，这个账是很难还的。"[1] 面对苏联领导人"核潜艇技术复杂，价格高昂，你们搞不了"的"劝告"，毛泽东

---

1 中共中央文献研究室. 毛泽东思想年编（一九二一—一九七五）[M]. 北京：中央文献出版社，2011：901.

庄严地宣告:"核潜艇,一万年也要搞出来!"我国正式启动研制核潜艇。[1]

苏联对中国在尖端技术上守口如瓶,还处处提防中国获得高端的技术,其深层次的原因到底是什么呢?

时过境迁,事情已经过去半个多世纪。笔者曾冒昧揣测过其中的缘由:中苏两个毗邻的大国,固然有着历史上的恩怨,也有民族习惯和心理差异,但有一个不容忽视的因素是,当年的苏联共产党确实雄心勃勃,大概他们还不只是局限于想当一个"老大哥",他们的骨子里想当的是整个社会主义阵营的"家长"!如此一来,他当然只会要求"小老弟"们跟在后面蹒跚学步,而不愿意让"小老弟"们一下就能走会跑;更不希望哪个"小老弟"长大成人后,和他掰掰手腕、秀秀肌肉哩!

理想与现实的矛盾

毛主席铿锵的誓言,很快秘密地传达到北京原子能研究所。

"好了,我们这个项目连毛主席都这样重视,肯定会举全党全国之力,一定能把它搞出来!"研究所所长李毅从国防科委开会回来,把毛主席的这个指示,向核动力研究室的科研人员传达之后,大家深受鼓舞,感到无比激动和兴奋。

彭士禄闻讯后,颇有几分激动地和同事们说:"核潜艇,它的心脏就是核反应堆。既然中国要搞核潜艇,首先就必须要拥有核反应堆。没有它,其他一切都免谈——这对我们从事核动力研究的人来说,意味着什么呢?意味着这是毛主席和党中央,以及历史交给我们的一项神圣的使命!"

作为一名学习原子核物理的归国留学生,又从事核动力研究工程,彭士

---

[1] 任仲久. 我是共产党员——科学报国带头人[M]. 北京:人民日报出版社,2020:12.

禄感到这项使命神圣而庄严，更感到自己肩上沉甸甸的责任——干吧！只有破釜沉舟、勇往直前，才知道前行的路上到底有多少艰难和险阻，有多少难以逾越的鸿沟和障碍！自此，彭士禄就在中国核能研究这块处女地上，几十年如一日，披荆斩棘，拓荒而行，殚精竭虑，卧薪尝胆，贡献了他毕生的热血、智慧和精力。

当时，按照中央的部署，国内有关部门已开始进行核能理论基础审查，并根据我国工业基础、生产能力和科学水平的现实，制定了符合我国客观实际的核能主参数、主方案和总进度，同时明确了我国核能的研究开发首先应用于核潜艇。由于核潜艇研制被国家列为"绝密"工程项目，两个研究机构也是"绝密"单位，所以这个工程当时只用确定的代号称呼。

但是，在当时人们谈核色变的氛围里，在小心谨慎、步步惊心的探索中，中国人要想搞出核反应堆，并装到核潜艇上去，这是天方夜谭，还是乌托邦式的幻想呢？

是啊，一穷二白的中国要依靠自己的力量把核潜艇搞出来，真是比登上珠穆朗玛峰还难呐！据说，当年美国海军仅仅为了建立统一的核推进领导机构，就花了整整10年时间；机构建立后，他们动员有关军事和民用的科研力量研制核潜艇，又用了近10年时间，前后共花费近10亿美元！如今，摆在彭士禄和他战友们面前的是，一无汽车，二无住房，三缺粮食，更谈不上专家、经费、设备、资料了，唯一珍贵的基础条件就是毛主席坚定的决心、党中央坚强的领导和同志们团结一致、不畏艰难的奋斗精神。

人们常说，一张白纸好画最新最美的图画。如今，彭士禄和他的战友们，如何在这张白纸上画出飘扬着八一军旗的核潜艇呢？

在莫斯科动力学院学习时，彭士禄曾听巴吉教授、索娜科娃教授给他们讲过：核动力装置的内核是原子反应堆，也就是利用核燃料铀235的原子裂变释放的能量作为能源动力。铀235是一种具有放射性的稀有金属，它的原子核在一种不带电的粒子——中子的轰击下产生裂变，平均会释放出2—3

个中子，并产生巨大的能量；新释放出来的中子又去轰击其他的铀235原子核，使它们产生裂变。这种裂变如同链条一样，一环接一环连续不绝，因此被称为"链式反应"。核裂变放出的能量被称为核能，也叫原子能。

核潜艇动力装置主要由核反应堆、一回路系统、二回路系统和船舶轴系等几个部分组成。这样的装置要装到潜艇上，除了需要体积小、重量轻、耐冲击、耐摇摆、耐振动的特性，还必须具有高度的灵活性和可靠性。

巴吉教授说，核反应堆虽说在理论上已基本成熟，但在实际应用中的问题依然屡见不鲜。对核潜艇的研制来说，并非只是常规潜艇加上核动力这么简单，它是一个全新的系统工程。除了核动力装置，还有艇型、艇体结构、水声系统、惯性导航系统、综合空调系统，还必须装备反潜鱼雷大深度发射装置、数字式鱼雷射击指挥系统、远程超长波收信机、大功率快速短波发信机等——如果潜艇要从深水中发射导弹，还必须具有导弹发射系统。

从事核反应堆的研究和应用，最重要的是必须保证绝对的安全，任何一丝疏忽大意，都会造成堆毁人亡的惨剧。有人打了个比喻：核反应堆就像一头猛虎，虽说它从头到尾都是宝，但你如果不能驯服它，它就会反过来张开血盆大口，活活吞噬了你！

彭士禄当然了解这头猛虎桀骜不驯的天性，以及一旦不能驯服它会产生的严重后果。

历史已证明了这一点。世界上在核反应堆研究和应用中的意外事故，让人触目惊心，更使人时时警醒，就连科技发达、最先从事核反应堆研究的国家，对核污染的控制也不能说有绝对的把握。1957年，苏联位于乌拉尔地区斯维尔德洛夫斯克附近的一处钚武器研制机构发生事故，致使周围3000平方公里的区域遭受放射性反应堆裂变产物的污染。1979年，美国宾夕法尼亚州三哩岛的核反应堆释放出的放射性气体，几乎酿成一场巨大的灾难。1986年，乌克兰境内切尔诺贝利核电站的核子反应堆发生了历史上最严重的核电事故之一，31人因巨量辐射当场死亡，大量民众受到超量辐射，约

17万人在事故发生后的10年内因辐射相关疾病等死亡。当然更不用说2011年，日本地震引发的海啸，冲毁了福岛核电站，导致堆芯熔毁和放射性物质泄漏，给日本国民和周边国家，以及世界海洋造成的恐怖后果了。

但，不入虎穴，焉得虎子。即使再难再险，中国人也一定要把核反应堆乃至核动力潜艇搞出来！

我们总说要树立民族自尊心。怎么个树立法？有人拼命宣传古人的成就以证明中国人很聪明，来树立信心。请问，哪一国的人比哪一国的人笨？既然都很聪明，那么宣传现在比宣传过去高明。

彭士禄所言极是。

"有人说，不少知识分子的性格基因是藤蔓植物，不是攀援权势，就是依附资本——但彭士禄这个人，他既不是藤，也不是蔓，他是个特立独行的科学家！"与彭士禄并肩战斗了几十年的战友、著名核动力专家赵仁恺院士如是说，"他有着独立的人格，独立的思想，敢于向权势和资本挑战，更敢于披荆斩棘在无人走过的地方前行。正像许多人赞誉的那样，他是一头拓荒的牛！"

一个决定命运的雨夜

人类在科学技术领域的探索中，每一项新技术研制过程，从来都不是一帆风顺的，犹如航行在海上的船只，有时被推上波峰，有时却跌下浪谷。理想常常很美满，现实却常常很骨感。中国核潜艇工程的研制过程，同样面临这个问题。

而今，这个工程坠入深深的低谷之中。

正当工程已经立项，开足马力准备驶向大海时，苏联却背信弃义，撕毁中苏协议，撤走了全部在华苏联专家。同时未曾想到的是，1959年到1961

年，我国又遭遇了三年罕见的自然灾害，一场空前的饥荒席卷了全国。我国的经济建设随之处于最困难时期。党中央在号召人民艰苦奋斗、自力更生的同时，提出了国防科研战线"缩短战线、任务排队、确保重点"的工作方针，结合各方情况，经过慎重考虑，把研究原子弹、氢弹放在了第一位，核潜艇等其他几项技术复杂、研制周期长的项目，只好暂时叫停。

这是冬天的一个早晨。

在彭士禄记忆中，这个冬天特别寒冷。从西伯利亚吹来的风，像刀子一样割着人们的脸，也伤着人们的心。这一天，彭士禄、韩铎等几位同志怀着难以言状的心情，来到火车站送别即将离开北京的几十位同志。

历史把年仅30多岁的彭士禄推到了我国核动力科学的前沿。彭士禄和战友们憋足了力气，正为落实核动力装置主参数、主方案夜以继日工作时，却传来意外的消息：核潜艇工程下马！

局部必须服从全局。

按国防工委的决定，除了留下彭士禄等少数人继续从事一些"铺路"工作外，其余同志都必须转到其他工作岗位。

说起来，彭士禄等少数人能留下来继续从事核动力基础研究工作，还颇费了一番周折。

在军令如山的氛围中，二机部的领导们一心想把核动力项目保留下来，竭尽全力，四处奔走呼吁，可无奈当时大势所趋，最终只能忍痛割爱、痛下决心了！

这样一来，从1956年起步、1958年组建的核动力研究室，1960年开始设计的第一个核潜艇动力方案，犹如初生的婴儿，在时代的风雨中颇有些"生不逢时"！

核潜艇研制工程下马，意味着原先选拔、培养出的大批研制人员不得不被分流到其他科研单位。

最后，中央作出指示：核潜艇工程下马是暂时的，要研制成功是坚定不移的；机构人员减少，不撤编；属于海军的主要研究工作一天也不停。海军和二机部的领导都希望大家发奋图强，把工作做得更好。[1]

如此，彭士禄他们这50多人留下来，按照"少花钱、少用人"的原则，把重点放在一些核动力装置关键技术的攻关研究上，保持研制工作不断线。聂帅嘱咐彭士禄："核潜艇这项工作极为重要，希望你们努力搞好。"[2] 彭士禄他们的工作没有停下来，学习也没有停止，他们储备着必要的技术，为核潜艇项目重新上马做准备。

核潜艇总体研制的"快马加鞭"改为分散兵力的"厉兵秣马、下马牵行"。这一下马状态持续了3年之久，其实可以看作在核潜艇研制过程中，对技术力量的一次积累。它属于国家在尖端武器研制进程里，所作出的战略性调整。

"真悬哪！如果当时硬要我们转行，中断了核反应堆研究，那我们启堆试验还不知要往后拖多少年呀！"采访中，彭士禄感慨地对笔者说道。

可惜的是，不能留下的同志，只好含泪离开了。

寒风呜呜地吹进站台，几片凋零的枯叶，飘落在冰冷的铁轨边。

啊，几年来朝夕相处的同志，就要分离了；原本不该走的同志，马上就要走了——列车上下，一片离愁别情。

"彭工，你们回去吧、回去吧……"车窗边，传来一个姑娘哽咽着的声音。

彭士禄抬起眼帘，神情凝重、步履迟缓地走到车窗边，他伸出手，紧紧地握住从窗口伸出来的那一双双冰冷的手。

"再见了，同志们，请相信，困难只是暂时的。多则三年两年，少则一年半载，我相信还会请大家再回来，一定会请大家再回来……"

"彭工，我一定要回来！这辈子，不看见我们的核反应堆运转，不看见

---

1 吴殿卿. 在毛泽东关怀下成长起来的萧劲光大将[M]. 北京：人民出版社，2007：197.
2 聂力. 山高水长——回忆父亲聂荣臻[M]. 上海：上海文艺出版社，2006：320-321.

我们的核潜艇下水，我死不瞑目！"

"对，这辈子，不看见我们的核反应堆运转，不看见我们的核潜艇下水，我们死不瞑目！"

……

多好的同志啊！彭士禄眼睛有点发潮，他再次紧紧地握住同志们的手，一字一句坚定地说道："谢谢！谢谢同志们！相信我们的党，一定会带领人民战胜这暂时的困难！"

列车拖出长长的汽笛声，车轮碾过铁轨的轰鸣声渐渐微弱，模糊成一个小黑点，最终蜿蜒消失在远处，只留下空荡的轨道……彭士禄却还像一块凝固的石头，伫立在站台上，任由寒风吹动着他身上的棉大衣，久久不愿离去。

彭士禄的耳边，不断地回响着离去的同志们掷地有声的话语。

在人手少、经费紧张的艰苦条件下，彭士禄始终牢记自己的使命，和同事们在接下来的工作中攻克了多个关键难题，确定了核潜艇研制需要攻关的核心课题。他们日夜奋战，厚积薄发，为核潜艇总体方案的选择和初步设计提供了重要的基本理论和试验数据。

第四篇

激情燃烧的岁月

> 我们的国家应该有自己中国牌的核潜艇！在国外资料严密封锁下，在乱哄哄中，我们这一群体顶着头皮，用一股犟劲，只用六年时间硬是把它搞了出来，真是奇迹！靠的是什么？除了中央的决心和领导的支持外，靠的是共产主义的爱国之心、群体的智慧和合力、一股犟劲精神。

第一章　负重砺行志愈坚

压力之下更有动力

1962年的春天，姗姗来迟。

一天上午，彭士禄正在整理资料，准备到中国科技大学给学生上课。突然，所长李毅来电话，要彭士禄到他办公室去一趟。

"所长，您找我有事？"

"坐吧。"李毅见彭士禄匆匆走来，问道，"小彭，最近都在忙什么呀？"

"正准备资料，下午到中国科技大学给学生们上课。"彭士禄回答。

"哦，这我知道，你这客座副教授帮助他们培养核物理方面的人才，当然责无旁贷。"李毅说着，话锋一转，"今天叫你来，想再交给你一个新的任务。"

"什么任务呀？"

"经党委研究，准备叫你担任核动力研究室副主任。"李毅见彭士禄感到有点意外，他接着说道，"室里没有主任，行政、技术都由你负责。但你现在的级别只有六级，只能任命你为副主任，有点遗憾，但这是干部管理规定，你要理解。"

"主任副主任倒无所谓……但，我能行吗？"彭士禄思忖一下，"我个人能力有限，加上目前室里人员、设备、经费、实验手段……条件都不太具备，压力太大，我怕辜负了组织的期望。"

"是啊，目前许多条件都不具备，这我知道。但有压力其实不一定是坏事，你是学动力专业的，只有在压力之下，才更有动力呀。"李毅语重心长地讲道，"蒲松龄先生说得好：'有志者，事竟成；苦心人，天不负。'没有条件，就需要你带领大家去创造条件；正是因为有困难，才需要你带领大家去克服困难呀！"

"我现在该怎么干呢？"

"目前，你们主要是保存实力，打好基础，让核潜艇核动力研究不能中断。同时，把大家组织起来，学好外语，收集资料，消化吸收，进行理论上的探索，争取尽早拟定出主体方案来。"

"好，所长，我听您的。毛主席都说过'核潜艇，一万年也要搞出来'，主席的这个决心就是最好的条件，也是我们克服困难的信心和底气。"彭士禄想了想，坚定地对李毅说道，"外国人说我们连核潜艇的一片'鳞甲'也造不出来，我就不信这个邪！只要我们有破釜沉舟、卧薪尝胆的勇气和精神，不久的将来，一定能把核潜艇搞出来！"

"说得好！我们共产党人，就是要有这种雄心和气魄！"李毅赞赏地看了彭士禄一眼，接着说，"毛主席讲的话，在战略上给我们指明了奋斗的方向和目标；但他此话的弦外之音，讲的却是'一万年太久，只争朝夕'的战术行动！士禄呀，你是知道的，核动力装置研制成功与否，是这项工程成败的关键！"

"所长，这我当然知道——组织上交给我的这个任务，我无条件接受了！干得不好，你们随时都可撤换我。"彭士禄虽然感到压力巨大，但还是毅然表明了自己的态度。

"好，你的任命通知，今天我们就宣布，你马上就可以接手工作了。"李毅表情凝重地继续说道，"还有，目前国家有困难，粮食不够吃，同志们营养跟不上，我看有的同志腿脚都浮肿了，你要多关心他们呀！"

"是啊，看见同志们这个样子，我的心里也不是滋味。"

"这你也要想想办法，跟后勤部门的同志商量商量，看能不能找地方上增加一点副食定量；实在不行，就带大家到附近生产队买点蔬菜，或者挖点野菜，先对付一下吧。"说完，李毅站起来，紧紧地握了握彭士禄的手，眼里充满了信任和期冀。

彭士禄离开所长办公室，没有马上回去，反而来到小树林边，坐在石凳上，一支接一支地抽着烟，陷入久久的沉思。

"是啊，那时国家正处在三年困难时期，大家都处于饥饿之中。我记得，当时每人每月的定量是28斤粮，而且大部分还是粗粮，没有油，没有菜，连买块肥皂、买包烟都要凭票！"彭士禄对笔者说道，"说句让人有点心酸的话，在核动力装置设计研究初期，全体科研人员只有汗水和泪水，可唯独没有油水！"

白日有光，夜晚有灯。

全面主持核动力研究室工作，彭士禄当然知道自己肩上承担的责任。在那些沉甸甸的日子里，他抽着呛人的烟卷，对着仅有的资料，整夜整夜地思索着：如何才能从零开始，在没有路的地方走出一条路来，开创中国人的核动力事业呢？

"是呀，七院十五所刚组建时，老彭经常是在办公室过夜，十天半月难得回次家；即使偶尔回到家，就连他最喜欢的孩子们，也难得跟他说上几句话。一回家，他依然是整夜整夜不睡觉，不知他关起门在屋里琢磨啥。"当年笔者采访彭士禄夫人马淑英时，她深情地回忆，"常常是我早上起了床，他那屋里的灯还亮着。有几次，我从门缝往里看，他就那样趴在桌子上或坐在凳子上睡着了……后来我才知道，他那段时间工作压力实在太大了！"

有大雁飞过去。

有燕儿飞回来。

1963年4月，彭士禄又被任命为第七研究院核动力研究所副总工程师；同年8月，中央专委批准了海军和二机部的联合报告，他随之被任命为新组建的核潜艇动力工程研究所副所长,并于1964年1月被任命为副总工程师,同年4月在国防科委第七研究院工作期间被授予陆军技术中校军衔。1963年8月,他被原子能研究所所长钱三强聘为反应堆研究部学术委员会委员。同年,经过一番努力,他完成了《反应堆热工水力计算》一书,该书也被当作中国科学技术大学的讲义。

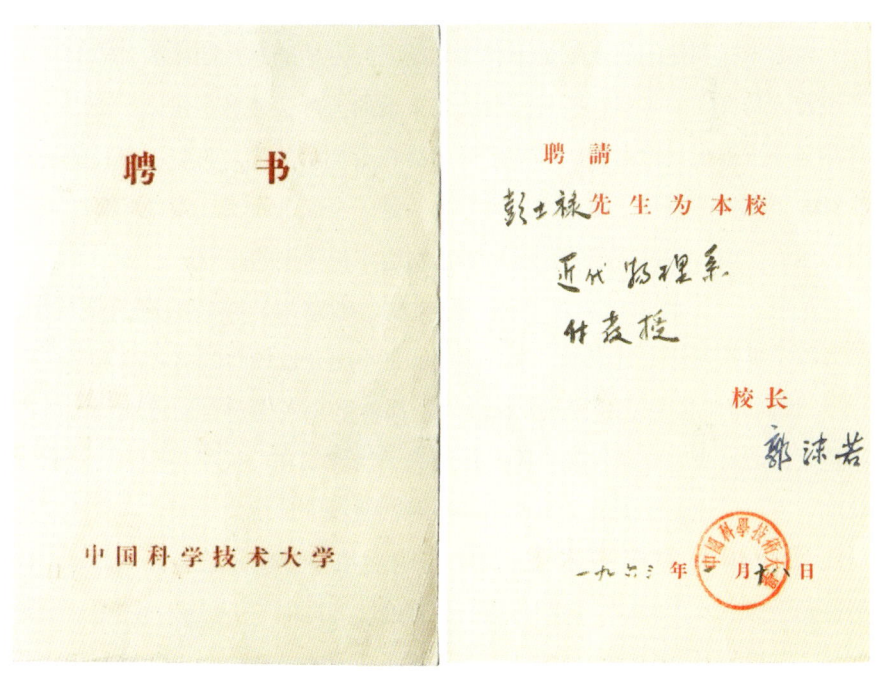

中国科学技术大学给彭士禄的副教授聘书

孤灯伴着孤影,冬夜虽然漫长,但不知不觉天已亮了。

晨曦初现,一只醒来的鸟儿在窗外一声啁啾,像一粒弹丸射向广阔的晨空。彭士禄一下惊醒过来,他揉了揉酸涩的眼睛,伸了伸僵直的腰身,抬头往窗外望去。

哦,新的一天又开始了。

义无反顾坚定前行

"为山者基于一篑之土,以成千丈之峭;凿井者起于三寸之坎,以就万仞之深。"古人的这句名言,彭士禄认真地把它抄了下来,压在了办公桌的玻璃板下。

佛争一炷香,人争一口气。

当彭士禄和他的战友们毫不犹豫地踏上开发核能这片陌生的荒漠时,头上顶着的是炎炎的烈日,脚下踩着的是滚烫的流沙,疲惫、饥饿、干渴,有时甚至举步维艰,但远方闪烁的星辰始终在召唤着他们。日复一日,他们从没有停下前行的脚步,留在他们身后的,是一个又一个义无反顾的脚印——因为他们坚信,涉过茫茫的荒漠,必将到达草长莺飞的绿洲。

是啊,红军爬雪山、过草地、吃树皮、啃草根,在敌人围追堵截中,二万五千里长征都走过来了,难道我们就走不出开发核能的这片荒漠吗!

"我们为什么要了解和开发核能呢?那就是,人类对自然已知的圆圈不断扩大,对自身生存条件越发不满足起来,当他们在一天早晨醒来,猛然发现地球上可供他们支配的能源非常有限时,便深深地忧虑起来。在一次又一次能源危机的打击下,人们在进一步综合利用和合理开采石油、煤炭、枯树,乃至风、水、潮汐、太阳能这类现存的能源同时,开始孜孜不倦地追求起另一种威力无穷的能源来——这就是核能。"

这是在彭士禄组织的培训学习班上,他给大家讲课的开场白。

此时,核动力研究室的50多名成员中,除了彭士禄、韩铎、蒋滨森等几个人学过核动力,其余的人都是学锅炉、化学、物理专业的外行——如何能让这些同志尽快成为核动力的内行呢?彭士禄听从所长李毅的建议,把他们组织起来,抓紧时间学习反应堆物理、热工、结构、自动控制、核动力装置等5门专业课程。

在那些资料匮乏、经费奇缺、天气寒冷、缺衣少食的日子里,不觉之间,窗外的树叶枯了又绿,绿了又枯;候鸟去了又回,回了又去——令人惊异的是,仅仅两年时间,彭士禄等几个内行,就把50多个外行带到了核动力学科的前沿!

要知道,在那异常艰难的时期,彭士禄他们除了组织同志们学习,更重要的是必须尽早搞出核动力装置方案来。他们每天啃的是窝窝头,有时甚至连窝窝头也吃不饱。粮食不够,他们就到郊外去挖野菜、刨白菜根吃。研究室每月每人办公费才5块钱,其中还包括出差费、笔墨纸张费等。

反应堆物理计算全靠自己建立计算模型、推导公式。为了证实理论计算公式的正确性,他们收集了世界上十几个零功率堆的临界试验数据,经过逐一验算、校核、修正,才得出一个适用的计算公式。那时没有电脑,他们就拉计算尺、敲算盘计算参数。不说其他,核反应堆装置和各种设备参数计算,有着天文数字般的数据。单是数据计算,他们就用这种原始的方法,像愚公移山那样,一锹一锹地挖,硬是用算盘和计算尺演算出上亿个数据来……

在艰难的日子里,彭士禄虽是一个不大不小的领导,却和大家一样,工作生活上没有任何一点特殊。当时,他的烟瘾特别大。买不到香烟,他就将旱烟叶揉碎,用纸条卷"大喇叭"抽。"大喇叭"卷好了,还不忘递给其他烟友,让大家共享他的成果。和大家一起咽野菜啃白菜根时,他吃得津津有味,还不时和大家开着玩笑:"现在这条件不错呀,要喝水有暖瓶,要吃菜根有盐味,想晒太阳尽情晒,身上也还没长虱子,比我当年在牢房里当犯人、在乡下当叫花子时好多了!"

条件虽说艰苦,但在彭士禄等人的影响下,全室同志们士气高昂,没有一个人叫苦叫累、唉声叹气。在此期间,彭士禄亲自主持了潜艇核动力装置的论证和主要设备的前期开发,以及核动力装置的扩初和施工设计,亲自建立了核动力装置静态和动态主参数简易快速计算法,解决了多项重大技术关键难题。

"每天晚上，彭总的办公室总是最后一个熄灯。"彭士禄的同事黄士鉴回忆，"核潜艇项目初期研究时，演算了大量的数据，彭总的计算结果总是最精确的。后来等到我自己当了核动力院总工程师时，已经退休的彭总还不忘叮嘱我：不管你现在的位置有多高，重要的数据一定要亲自算一遍，这样你心里才能踏实！"

笔者采访彭士禄时，他拿出一个个已经发黄的笔记本和图册，上面工工整整、密密麻麻地记载着当年他亲自演算的各种数据、各种图表。笔者无法统计那些笔记本和图册上的数字，恐怕少说也有上千万个吧！

这个世界上，没有什么神秘的山峰不能攀登，没有什么崎岖的山道不能行走！彭士禄曾经指出，只要到达了学科知识的前沿，不管是毛头小伙儿还是无名中老年人，都有可能设计出你那一行最尖端的产品！你到了临界了，在创造性思维领域里同一切人的机会均等了，就该来一次智慧的核爆炸了！

彭士禄在一次学术报告中讲他们初期工作时，这样总结：

我们正是有了强烈的民族自尊心，有了家国的情怀，才这样认识问题，才使我们的核反应堆和核潜艇从无到有，把常规的技术组合成尖端的产品——说句调侃的话，只要你认识到这一点，那核反应堆只是一只关在动物园铁笼里的老虎，完全不足为虑！我们的实践，也论证了这个道理。[1]

"是呀，彭总说得很对。"黄士鉴说，"从彭总到我们这些初出茅庐的学生，从来没有造过核反应堆，当时我们连见也没见过。但最终我们设计出来了，建造出来了，而且干出了不亚于任何外国权威们当初所干的业绩。你说，用'了不起'三个字来概括，不是自吹自擂吧！"

---

[1] 笔者对彭士禄的访谈，另外可参照《彭士禄的超验现象》一文。

天太冷了。阵阵寒风吹来，几片残留在树枝上的枯叶，在寒风里微微颤栗；两只老鸦，没有像往常那样飞出来觅食，而是蜷缩在窝里休息——啊，已近黄昏，彭士禄走出实验室，活动了一下有些麻木的腿脚，搓了搓有些冻僵的手，摘下眼镜，擦拭着镜片上的水雾。良久，他抬起头来，久久地凝望着那灰暗的天空，长长地吐了一口气。

冬天已经到了，那春天还会远吗？

第二章　不到长城非好汉

罗布泊吹来的春风

第一缕春风,来自遥远的罗布泊。

1964 年 10 月,继我国成功地发射自行研制的第一枚中近程火箭之后,一朵神奇的蘑菇云出现在戈壁荒漠罗布泊的上空。西北的 10 月凉意颇浓,而原子弹的爆炸成功,却似一阵和煦的春风,吹遍了国防科研战线的每一个角落。

中国第一颗原子弹爆炸成功

春天里，万物复苏。我国人民在党的领导下，终于度过三年困难时期，国内经济形势明显好转。

"从当前的情况来看，估计我们的核潜艇工程，多则三四年，少则一两年，即可运转起来。"彭士禄对同事们说，"所以我们必须争分夺秒，赶在中央决策之前，攻克核反应堆最关键的技术项目。"

彭士禄的判断没有错。此时，在海军装备方面，我国仿制改进的鱼雷快艇、导弹快艇、猎潜艇、常规动力潜艇等相继取得成功。在这样的形势下，核潜艇研制顺理成章地又提到了领袖和将帅们的议事日程上来。

根据中央决定，国防部第七研究院正式并入第六机械部，刘华清被任命为副部长兼舰船研究院院长。他上任后的第一件事，就是重新启动核潜艇工程。

1965年1月30日，农历腊月二十八，北京城下了一场大雪。晶莹剔透的雪花，飘飘洒洒地下了3天。玉宇琼枝，银装素裹，将天地装扮得一片洁白。

好啊，瑞雪兆丰年！

2月1日，这天正是大年三十。刘华清趁着过年的机会，在六机部会议室召集了舰船研究院几位主要领导开会。欢度除夕的鞭炮声，响彻在大街小巷，不时透过窗户传到会议室中。与会同志此时似乎已经忘记春节的来临，因为今天有着比过年还让他们高兴的事情——这次会议的唯一议题，就是研究如何重启核潜艇研制工程。

这次会议，讨论通过了关于重启核潜艇工程的报告，对核潜艇研制步骤、基本建设、经费和协作项目等都进行了研究。随即，这个报告呈送给国务院和中央军委。

周恩来总理为此多次亲自主持中央专委会，认真审查，批准了六机部这个报告。同年8月15日，周恩来总理亲自主持召开会议，明确了核潜艇研制的三条原则：一是认真执行大力协同的原则；二是立足国内，从现实出发，分两步走，先研制反潜鱼雷核潜艇，再搞导弹核潜艇；三是第一艘艇既是试验艇，又要在主要战术技术性能上力求配套可以作为战斗艇交付使用。[1]

这一切表明，中国核潜艇工程已从搁浅的沙滩上下水，将开足马力，越过茫茫的大海，驶向成功的彼岸！

核潜艇于1963年调整后，中央专委于1965年批准核潜艇工程重新上马。[2]

"好啊，这几年，我们盼望核潜艇工程重新上马，真是盼星星盼月亮，望眼欲穿呀！而今，终于盼来了这天大的喜讯！"消息传到核动力研究所，彭士禄和同志们欣喜若狂，个别同志甚至眼睛潮湿，喜极而泣。

"机不可失，时不再来。我建议，从今天起，大家星期天都不要休息了。"彭士禄颇有点激动，"我们要抓紧时间，全力以赴把陆上模式堆正式报告搞出来，尽快上报中央专委！"

"对，我们一定要抓紧时间，对建陆上模式堆的问题，即使还有不少反对的意见，但一定要抓紧时间定下来！"所长李毅接着彭士禄的话说道，"当然，事关重大，有争论也不是坏事，是非对错，只会越辩越明嘛。"

像任何一位卓有成就的科学家一样，在没有建立学术权威，没有得到学术界广泛承认之前，往往都是很孤独的，有时甚至是郁闷和痛苦的——彭士禄目前就处于这样的环境中。他的理论、他的思维、他的一些想法和做法，似乎只有少数人能够理解他、支持他；更多的时候，他反而处于多数人的反对声浪之中。

就拿搞陆上模式堆的事来说吧，他提出的主张就一直处在怀疑、争论，甚至激烈的反对声浪之中。两派争论的焦点是将核反应堆直接装在潜艇上，一步到位在艇上试验；还是先在陆上搞反应堆，试验成功后再装到潜艇上。

---

[1] 吴殿卿. 在毛泽东关怀下成长起来的萧劲光大将[M]. 北京：人民出版社，2007：197.
[2] 刘华清. 刘华清回忆录[M]. 北京：解放军出版社，2007：315.

此事，外行人看起来似乎差不多，而对从事核反应堆研究的人来说，是差之毫厘，失之千里！

对这个问题的争论，已经持续了很长时间。几次论证会上，气氛严肃而又紧张，与会者侃侃而谈，滔滔不绝地表达着自己的观点，都企图说服对方。赞成者有之，反对者也有之。正反双方，各自都有充足的理由。有时，双方心平气和，各抒己见；有时，双方却相持不下，针锋相对，争论激烈。

以彭士禄为代表的团队坚定地主张：一定要搞陆上模式堆！他们的理由是：潜艇上的动力装置我们从没搞过，谁也不敢说技术上有百分之百的把握，不经过陆上试验就装艇，危险系数太高；即使装艇成功可能性很大，但在艇上修改调试很不方便；一旦出现的问题多，再换新堆损失会更大。另外，在陆上搞反应堆，不是试验完就报废了，试验成功后可保证一次装艇成功；而且，在陆上建反应堆时，可以同步培训操控的艇员、技术人员和工人。

"这是吃小亏占大便宜的事啊！"彭士禄苦口婆心地说道。

以某大学和某研究所为代表的一些人，也抛出了一个方案，从根本上否定搞陆上模式堆，主张一步到位。他们认为：根本没有必要先搞什么陆上模式堆再装艇，这等于瞎子点灯，多此一举。艇上和陆上模式堆，在理论上没什么根本区别。现在国家穷，搞任何工程，都必须贯彻"多快好省"的原则。搞陆上模式堆，不但建设周期长，研制经费要多一倍，而且推迟了潜艇下水时间；如果直接将反应堆装艇试验，成功后就可直接交部队作为战斗艇使用；若是试验不完全成功，经过修改后也可以再生产，岂不是两全其美！

公说公有理，婆说婆有理。

"对这个方案，我实在不敢苟同！"彭士禄据理力争，"不打无把握之仗，这是军队历来作战的基本原则；对危险系数大的科学试验，更是如此！"

"对你们这费时费力、多此一举、遥遥无期的研制方案，我们也不能同意!"反对者也不甘示弱,"'多快好省'也是我国目前经济建设、科学试验的总方针!"

双方各持己见互不相让,最后争得有些面红耳赤。

"好啦,大家怀着对事业高度负责的态度,都充分发表了自己的意见,各自都有自己的理由。"主持会议的领导最后总结道,"事关重大,会后,我们会将你们两方面的意见,原原本本报告中央专委,让他们来作最后的裁决吧。"

特立独行的科学家

引起这场激烈争论的原因,其实也不难理解。

一是中国人从来没有搞过核反应堆,更没有造过核潜艇,谁的心里都没有底。彭士禄在苏联学习时,虽然参观过他们的核反应堆,但那只是走马观花,至于它的五脏六腑到底长什么样,他其实也不知道。二是彭士禄主张建的陆上模式堆,不是纸上谈兵,不是兵棋推演,更不是而今的计算机模拟设计,而是真枪实弹的实战,时间难免要拖延一些。三是如果要建陆上模式堆,那就必须要在陆地上建核动力基地,基地建在什么地方?建设周期有多长?原本就捉襟见肘的资金猛然增加了一倍,远远超过预算,国家能拿出这笔钱来吗?

在周恩来主持的中央专委会上,彭士禄等对方讲完他们的理由后,他再次阐述了自己的观点,依然坚持一定要搞陆上模式堆的主张。

经过反复争论、研究分析、得失对比,双方才渐渐达成共识。最后,周恩来总理和聂荣臻元帅都表了态。大家一致认同:为了潜艇建造试验一次成功,建陆上模式堆是必要的,这是稳妥的方案,这个钱不会白花,是合算的。

会议结束后，彭士禄走出会场，才长长地舒了一口气。

1965 年 7 月，六机部向中央专委报告了研制核潜艇的具体建议，对第一艘核潜艇的研究、设计和制造初步拟定了以下三项原则。（1）认真执行大力协同的方针。在中央专委和国防工业党委的领导下，各个有关方面密切协作配合，共同完成突破核潜艇这一尖端技术的任务。（2）立足于国内，从实际出发。在材料、设备的选型上，除专用项目外，应当以正在仿制的中型鱼雷潜艇为基础，以缩短战线，减少矛盾，争取时间。（3）第一艘核潜艇的建造，主要是解决核动力装置用于潜艇的技术问题，具有试验艇的性质；同时在主要技术战术性能上力求配套，可以作为战斗艇使用。报告中还就进度安排、分工建议、增加技术力量和经费等提出了具体建议。

随后，中央专委举行会议，专门研究核潜艇上马后的有关重大问题。会议原则同意六机部报告中提出的研制第一艘核潜艇的三项原则等内容，全面部署了核潜艇上马的各项工作，明确核潜艇分两步走："第一步先研制反潜鱼雷核潜艇，于 1972 年下水试航，第二步再搞弹道导弹核潜艇。"会后通知的主要内容有：各部委要安排落实承担的研制项目，纳入各工业部的计划；科学院及有关高等院校要积极参加协作；抽调技术骨干和增加 1500 名大学生充实科研队伍；筹备建设海军核潜艇码头基地；同意核艇动力装置的陆上试验基地建设地址，并建造陆上模式反应堆；建立远洋测量船队……[1]

如此，彭士禄提出的陆上模式堆方案，终于尘埃落定。

然而，随之而来的，是另一场激烈争论。

这场争论的焦点是：建造什么类型的模式堆？是压水堆，还是增殖堆？堆型是一体化布置，还是分散布置？

彭士禄主张上压水堆，堆舱内的零部件分散布置。而另一些专家学者，

---

[1] 杨连新. 见证中国核潜艇 [M]. 北京：海洋出版社，2013：56-57.

则主张搞增殖堆,因为国外已经搞出了这种堆型,它代表了当今世界先进水平。此外,他们主张堆舱应搞一体化布置,像集成电路板一样,把有关零部件都压缩在一个密闭的空间里。增殖堆效率高,就好像一个鸡蛋能变成两个鸡蛋,但是这种堆有个臭脾气,一见到水和空气就会"发火",特别难伺候;如果漏了,还容易引起爆炸,安全系数不高。

"可你要知道,美国人第一艘核潜艇虽说是压水堆,可第二艘就换成了增殖堆,法国、英国据说现在也在搞增殖堆了……"这些专家学者的来头和名头都很大,他们颇有些慷慨激昂地说道,"我们总说要赶超世界先进水平,怎么赶超?总不能亦步亦趋,跟在别人后面爬行吧?"

"人家是人家,我是我。事情太重大了,关系到核安全,我虽然胆大,但还不敢冒这个险!"彭士禄面对"权威"们毫不退让,直言道,"搞科学试验,一定要立足于自己国家的现实,立足于我们现在的基础条件,一步一个脚印。我不怕人家说我是爬行,这就好比一个婴儿,必须首先学会爬,再学会走,然后才能跑嘛!"

在方案论证过程中,彭士禄常常处于势单力薄,甚至孤立无援的境地。

但是,彭士禄就是彭士禄!或许是父母遗传给了他执拗的基因,或许是他生肖属牛,有着牛一般倔强的秉性。每当他认定了的事情,就有点"特立独行"的味道,敢于坦诚直言,敢于公开站出来反驳,敢于指出这些口号和方案存在的误区。

"人家国外已经证明行得通的事,你为什么非要坚持要采用落后的方式呢?"有人见彭士禄固执己见,忍不住质问他。

"我坚持自己的意见,是因为事关反应堆的安全。在此前,我对苏联援建的重水堆进行了多次实地考察,对两种堆型进行了反复比较,并有详细的计算数据。"彭士禄此时反而很冷静,他回答道,"比如你们提出堆舱一体化问题,世界上关于这方面出的事故够多的了,如果所有的设备都挤在一个密封的空间里,坏了检修怎么办?紧急情况下抢修怎么办?我敢说,美国人胆子再大,他们也不敢轻易冒这个险;至于英国人、法国人,现在对这个方案也还在论证之中。"

"国家下了这么大的决心,花了这么多的资金,创造了这么好的条件,我们中国人,就要有这个雄心壮志,要敢于赶超世界先进水平,而不应该迁就和保护落后,长别人的志气,灭自己的威风!"

"我不承认这样做是落后,只是方式不同而已,美国人的核潜艇也不完全是增殖堆、一体化的。"彭士禄耐心地说道,"我的同志们呐,豪言壮语、美好愿望,替代不了客观的现实呀!前些年,我们做事操之过急吃的亏,还少了吗?"

"如果搞出来,人家说我们落后怎么办呢?"

"怎么办?既然技术上明确由我抓总,那就按照我们自己的方案办!"彭士禄依然坚持自己的主张,"你们的意见,当然也很珍贵,可以写成备忘录,存放在档案里……我不怕有人说我们不够先进。世界上先进的东西由于工艺水平达不到老出毛病,还能说它是先进的吗?"

争论到最后,依然没有最终结果。

会议主持人只好将两种方案同时上报部领导——但部里的领导们毕竟不是技术专家,这样的技术论证方案,已经超出他们的认知和裁决范畴。于是,关于模式堆类型的事情,就被搁置起来。

可彭士禄他心里着急呀!一天几次地打电话催问情况。正当他一筹莫展、无计可施之时,却峰回路转、柳暗花明!此时,核动力研究所又归属到二机部,大名鼎鼎的科学家钱三强调任二机部副部长——这下好了,凭着钱老在学术界的威望,现在又担任行政负责人,很快就出面来调停和化解这个矛盾了。

"你谈的方案有理有据、科学客观,不管怎么样,至少是把我给说服了。"当钱三强仔细看完正反两个方案后,他首先找来了彭士禄。彭士禄拿着有关资料,滔滔不绝地给钱三强讲了半天。钱三强耐心听完他的主张和理由后,拍了拍他的肩膀,对他说:"这件事情不能再拖了。这样吧,我找另外的同志了解一下情况,再做最后的决定吧。"

科学家钱三强

没想到,短短几天,在钱三强的斡旋和建议下,二机部最终批准了彭士禄的设计方案,并于1965年7月经中央专委批准!

方案既然已定,其他同志也就不再争论了,有的同志还围绕彭士禄这个方案,热情地向他提出不少完善的建议。是啊,参与制订方案的同志都是好同志,他们的愿望都是良好的,他们的心情也可以理解,都是怀着对事业高度的责任感,想早点搞出中国人最好的核反应堆来,让海军期盼已久的核潜艇能早日下水——只是,每个人思维方式不同,所处的环境不同,认识问题的角度不同罢了。

1965年9月,二机部成立潜艇核动力研究设计基地,1973年更名为二机部第一研究设计院,1991年正式更名为中国核动力研究设计院(简称核动力院)。

事实终归胜于雄辩

好了,建堆方案已有定论,接下来就要进入实施阶段了。

"老彭,这么复杂的事情,竟然都被你坚持下来,解决好了,真不容易啊。"留苏的老同学蒋滨森见彭士禄来到他的实验室,对彭士禄笑道,"我听外边有人说,说你们那个彭总,真是个特立独行的'顽固派',他认定的事情,是十头牛也拉不回呀!"

"哎呀,人家这样说,其实也是好心呐。"彭士禄笑道,"说我顽固,一点都没错。他们竭力想拉我,是怕我嘴上没毛,办事不牢,一不小心栽进泥坑里了——说实话,我还要好好感谢人家呢!"

蒋滨森这个老同学的话虽是开玩笑,但讲的是大实话。在专业技术领域,特别是在核反应堆方案论证初期,彭士禄经常与别人的意见相悖,还和别人发生了好几轮激烈的争论。于是,有人说他固执,有人说他"特立独行",就不足为奇了。

"哈,这个问题的答案其实很简单,一个科学家,只有具有'独立'的精神、思维和行动,才能够创造出卓越的成就呀!"在笔者的采访中,彭士禄的老搭档赵仁恺说,"那种人云亦云、随声附和的人,一辈子肯定不会有大的建树;而彭总之所以能成为一代大师,就是因为他有着与众不同的见解、独立的思维、特别的行动呀!"

赵仁恺所言极是。

彭士禄在学术上的坚持,是抱着实事求是的科学态度、对事业高度负责任的精神,是经过了深思熟虑和技术论证的——后来的事实证明,他的这种坚持是必要和正确的,是符合当时中国实际状况的,避免了中国核动力研制走弯路,甚至误入歧途,或者埋下安全隐患。

后来,人们看见国外一篇学术报告,讲的是法国人研制核动力装置的过程。法国人在搞核动力时,其实也是小心翼翼,坎坎坷坷,跌宕起伏,经历了不少波折。在方案论证初期,他们也经历了是一次装艇还是先建陆上模式堆的长期的争论;在讨论是采用重水堆、压水堆,还是增殖堆、气冷堆方案时,也发生过激烈的争执。他们也不敢冒进,法国人同时采用了石墨气冷堆、压水堆、快中子堆的研究、设计和试验——也就是说,他们也不敢贸然采取增殖堆、一体化布置的设计方案。

直到1964年,法国才建成第一个陆上模式堆,依然是压水堆。然后一步一步探索,直到 10 年之后的 1974 年,他们才研制成功 CAP 型一体化反应堆,搞成堆舱一体化的"红宝石"号核潜艇来——看来,在科技发达、工业基础条件先进的西方,他们也不敢一下把气球吹得太大,知道一口气把气球吹得太大,说不定是会爆炸的。

从现有的资料来看,彭士禄主张的采用压水堆、堆舱内各部件分散布置的方案,在当时的核动力工程应用技术中是最成熟的。美、苏、英、法的第一艘核潜艇,采用的都是压水堆,并且都不是一体化的。美国的第二艘核潜艇搞成的钠冷堆,投入使用后的技术优势并不明显,而且总是出问题和故障,让核潜艇上的官兵一天到晚提心吊胆。到最后,美国只能无奈地把它拆除,又重新改成了压水堆。

直至后来,世界上大多数国家的核动力装置,乃至核电站,采用的都是压水堆堆型,设备也是采用的分散式布置。当然,随着科技水平的发展,会采用更好的堆型和布置方式,但在 20 世纪 60 年代,彭士禄坚持压水堆堆型和分散布置的主张,无疑是正确的。

"鹦鹉螺"号总设计师海曼·里科弗

20 世纪 80 年代,世界第一艘核潜艇"鹦鹉螺"号总设计师海曼·里科弗退休后访华。他饶有兴致地向中国同行介绍了自己创建和发展核动力的过程。谈到反应堆堆型时,里科弗指出,有些科学家只有理论知识,而不会用工程的眼光去处理问题,如果听他们的,恐怕潜艇核动力装置一百年也搞不出来。当交谈中说到一体化核反应堆的话题时,有人问他:美国为何不搞一体化核反应堆?他说:"你们要是不怕掉脑袋就搞。"当时我们的技术人员理解，一体化核反应堆主要是技术难度大，对安全问题要求高，且维修不便。[1]

所以，赵仁恺说："彭总之所以能够成为一代大师，是因为他有着与众不同的见解、独立的思维和特别的行动"，这确实是肺腑之言、经典之语！

"但，彭总那倔强的脾气，他的这种顽固的坚持，不会得罪人吗？"2001年秋，笔者第二次到核动力院采访时，就这个问题问时任宣传部张部长时，他有点激动地说："得罪什么人啊，这是事关国家核安全的大事呀！大家学术上的讨论，甚至激烈的争论，这是好事呀！学术上的问题，怕就怕得过且过，怕就怕一潭死水，怕就怕不懂装懂，更怕长官意志，由哪位领导一拍脑袋就定了！"张部长停了停，接着说道，"大家都是为了工作，都是为了求得真理，都是为了对国家和人民负责——彭总这个人，他为人处世坦荡得很，从来不是为个人争私利，他坚持的主张，后来都证明他是对的，时间长了，谁不心服口服呀！"

"哦——"笔者若有所思地点点头。

"你去问问我们基地的人，彭总这个人，其实好打交道得很！他从来都不以领导和专家自居，从来没有专家学者那种矜持的做派，更没有像有的官员那种颐指气使的作风，平易近人得很！平时，他穿着一身满是油污、泥渍的工作服，长年混在技术人员、工人师傅堆里，大家亲热得像兄弟似的。不认识他的人，一见他那副模样，还以为他是搞机修的师傅哩！他和大家在一起，是有烟大家抽，有酒大家喝，有龙门阵大家打伙摆。"

张部长说的是大实话。

笔者想起初次在北京采访彭士禄时，他已是核工业部的总工程师。刚开始笔者还有点忐忑，有点拘束，没想到一见彭士禄，他的穿着打扮、言谈举止朴实得像个工厂的老师傅，一点没有领导者那种居高临下的派头，更没有

---

[1] 杨连新. 见证中国核潜艇[M]. 北京：海洋出版社，2013：160.

那种矜持傲然的做派。当时秘书不在，他亲自给笔者泡茶添水、嘘寒问暖。坐下来交谈一会儿，笔者就完全没有了忐忑和拘谨。采访结束后，笔者顺便问了他一句："彭总，中午您在什么地方吃饭呢？"他拍拍自己的口袋，豪爽地说道："干脆，中午我做东！我们就在楼下那个下里巴人的小馆里，一碗肉丝面、一盘花生米，每人外加一瓶啤酒！"

哈，好个彭总！让人见了他，感到可敬，更是可亲！

"你别看有的人，挺然绷起一副当官的样子，那是他肚子里没有东西，只能用装腔作势来掩饰自己内心的空虚罢了。"两杯啤酒下去，彭总对笔者讲道，"嘻，其实那又何必呢，这样的人，他们活得不累吗？……"

扯远了，还是让我们回到山沟的核动力基地来吧。

第三章　险象环生的途程

"天蝎"号沉没的悲剧

"轰——轰！"一阵阵惊天动地的炮响，震撼了西南某地的荒野和山谷，惊醒了亘古以来沉睡的这片土地。开山的炮声，终于拉开了核动力基地建设的帷幕。

1965年下半年，地处青衣江畔深山峡谷中的核动力基地陆上模式堆，终于破土动工。几经波折，基地的指挥长何谦带领二机部所属的3个建筑和安装公司，抽调了200多名工程技术人员，组成建制进入工地，开始了声势浩大的基地建设。

其实，这年夏天，彭士禄就随同考察组到过西南多个地方选址。但是，地址定下来后，两年多时间过去了，工程却进展缓慢。自核动力研究所建制划归海军后，上级部门就开始动员他们搬迁到三线。但由于各种原因，基地建设的事就被搁置下来。直到1968年夏天，核动力装置的主厂房基坑还没挖出来。

有人要问，核动力基地为什么非要建到离海边那么远、那么荒凉的西南山沟里去呢？如果离核潜艇生产厂近些，不是更好吗？

"核反应堆试验，谁也无法预测会发生什么样的意外事故，必须严格防止放射性物质向外扩散。除了钢筋水泥构成的层层保护，还需要空旷的地域做天然屏障，以保证万无一失。何况，当时为了备战备荒，中央要求沿海和大城市的军工单位，都要搬迁到西南大三线去。"当时的核潜艇办公室主任陈右铭这样向笔者解释，"当然，搞陆上模式堆，主要是为了装艇使用时的安全。核动力装置在陆上试验成功后，再制造一个新的装到艇上去，以保证安全可靠——哦，你知道美国人的'天蝎'号核潜艇沉没事件吗？那样惨痛的教训，让我们不得不谨慎了又谨慎呀！"

"天蝎"号核潜艇沉没事件，震惊了全世界。

1968年5月，就在彭士禄、赵仁恺他们夜以继日进行陆上和艇用核动力装置设计时，从国外传来一个惊人的消息：美国"天蝎"号核潜艇，于当月22日，在前往加纳利群岛的途中在大西洋中部海域神秘沉没，艇员全部遇难！[1]

这条消息，给各国潜艇官兵和从事核潜艇研制的人们心头，都蒙上了一层厚厚的阴影！这条消息传到中国，也让彭士禄他们除了感到震惊，更增添了几分忐忑、几分担心。

当时美国的科技最为发达，他们的核潜艇已经进行了几次升级换代，在技术上已经相当成熟，究竟是什么原因导致"天蝎"号核潜艇沉没的呢？

对于这个问题，美国人讳莫如深，放出了一系列的烟雾弹，让外界的人根本不知它沉没的真实原因。一时间，传言蜂起，莫衷一是。有人报道是核动力装置发生重大泄漏事故，在艇内造成了爆炸；有人揣测艇上的电池发生了爆炸，炸穿了潜艇外壳，造成海水大量涌入；还有人说是由于机械故障，核潜艇被自己误射的鱼雷击沉；更有人说是"天蝎"号核潜艇在跟踪苏联的核潜艇时，被对方发射的鱼雷击沉……

当时，彭士禄他们只知道，这艘神秘遇难的美国"天蝎"号核潜艇，于1957年开始建造，1959年10月加入美国海军服役。这种"鲣鱼"级攻击型核潜艇，堪称世界攻击型核潜艇中的霸王。在与苏联的冷战中，"天蝎"号核潜艇具有最先进的核动力装置、超强的火力配置和最优

---

[1] 军事科学院《世界军事年鉴》编辑部. 世界军事年鉴·2009[M]. 北京：解放军出版社，2016：101.

异的监听功能，其主要攻击目标，就是苏联海军舰队中的核潜艇。它自服役以来，长年游弋在世界各大洋中，无时无刻不在监视着苏联海军舰队的动向。

1968年5月16日，由弗兰西斯·斯拉特里中校指挥的"天蝎"号核潜艇，刚刚与美国海军第六舰队在地中海完成为期3个月的巡弋任务，准备返回诺福克母港。5月22日，"天蝎"号核潜艇却突然与基地失去联系！

"天蝎"号核潜艇在失事的一周前，艇上官兵的家属们就接到亲人的来信说，他们将于5月24日或25日回家。但到了5月24日，海军官员用录音电话通知艇上官兵的家属们，"天蝎"号核潜艇要到5月27日才能返回诺福克母港——可是，这些官兵的家属做梦也没想到，美国海军在5月23日，已经出动数十艘舰船以及数十架飞机，开始了秘密搜寻"天蝎"号核潜艇的行动，"天蝎"号核潜艇的家属们却被蒙在鼓里，没能从海军官员们那里得到只言片语的暗示。

事件发生后，美国军方先后组织了几个调查小组，对事故的原因进行了多次调查，并于1969年写成最后的绝密报告。此后，这份绝密报告被海军列为最高机密封存起来。美国军方对事故的原因，一直遮遮掩掩、闪烁其词。"天蝎"号核潜艇沉没的原因，至今依然是个谜。

但不管怎样，"天蝎"号核潜艇神秘沉没的悲剧，已在人们的心头投下浓重的阴影，短时间里肯定不会消散——对于没有任何经验可言，还处于摸索中的中国核潜艇研制者们来说，能够避免重蹈覆辙，完成这项史无前例的科学试验吗？

"'天蝎'号核潜艇的沉没，不管是何种原因，都是一场悲剧。但我们不能因噎废食，就此停下自己研制的步伐。"彭士禄认真地对同事们讲，"因为任何科学技术的研究和探索，百密一疏，都存在着种种意想不到的问题。无论火箭发射也好，还是原子弹爆炸也罢，都概莫能外。只是，我们要吸取此类事故的教训，要如履薄冰，更加小心谨慎罢了。"

到西南偏远的山沟去

1969年夏天的一个傍晚，一列由墨绿色客车和黑色闷罐车组成的列车，悄无声息地驶离北京西直门火车站。

此时，落日的余晖已在天边消逝，它的最后一抹余照隐于云层；北京城华灯初上，犹如满天闪烁的繁星。列车离开车站，彭士禄坐在窗边，点燃一支烟，把目光投向窗外。烟雾缭绕，他的思绪却早已飞到那个即将要去的深山沟里。此行，他告别了妻儿，带着北京的一支队伍来到西南一个无名的山沟里，去完成建设核动力基地的重大使命。这里后来成为现在的中国核动力研究设计院，是中国核动力的摇篮。

形势的发展，又将彭士禄推到了这项工程的波峰浪尖。1965年，他已是二机部二院的副总工程师；1967年6月，国防工委又任命他为核潜艇陆上模式堆基地副总工程师，全面负责模式堆技术工作。

"一声令下，打起背包马上出发！"采访中，彭士禄讲到这里，捋了捋满头的银发，深情地回忆着他们出发到四川时的情形。

其实，早在1965年7月，中央军委就对核动力总体性能、完成时间等提出了明确的要求，特别是提出了要保证核反应堆一次装艇成功。可由于"文化大革命"的严重干扰，不但陆上模式堆的工艺设计进度非常缓慢，模式堆基地的建设也基本停止，严重影响了1970年建成陆上模式堆的目标。为扭转这样的被动局面，1967年8月30日，中央军委发出新中国成立以来的第一个关于核潜艇工程的《特别公函》，要求保证核潜艇研制工作的完成。此后在1968年7月18日，中央向成都军区发出了《关于支援模式堆基地的建设问题》命令。这份命令的签发人是毛泽东。[1] 正是这份由毛主席签发的命令，使核潜艇陆上模式堆工程起死回生。

---

1 杨连新. 见证中国核潜艇 [M]. 北京：海洋出版社，2013：83, 61.

在彭士禄的具体领导下，以赵仁恺为副总设计师的全体设计人员夜以继日工作，仅仅 100 天后，陆上模式堆装配潜艇的图纸便设计出来。

而今，他们要到山沟里去进行陆上模式堆的建设了。

彭士禄自小离开南方，这次又要到西南大山中去安营扎寨了。当年离开南方时，他还是十几岁的少年，而今已是不惑之年了。当年周恩来叔叔用车送他们出川时，他曾见识过那里崎岖的山道和险峻的高山。当时，他也曾像古人那样发出过"蜀道难，难于上青天"的感叹。

想到这里，彭士禄颇有几分感慨。

他小时候读过《三国演义》这本书，对蜀汉这个地方，还是有些了解的。那里除了山高水险，也有沃野平原，且夏无高温，冬无严寒。他心里更清楚，为了战备的需要，这样的国防重点工程，必须要建设在隐蔽的深山

在西南大山中建设核动力基地时的情形

里。是呀,那里条件虽说比城市艰苦,但对于核动力装置的建设和发展,或许是件莫大的好事——只要能把陆上模式堆搞出来,吃什么样的苦,受什么样的罪,都是值得的!

这样一想,彭士禄更觉得很欣慰、很坦然。

列车驶出北京城。望着郊外逐渐稀疏下来的灯光,彭士禄掐灭了烟头,思绪一转——到了那里,该从什么地方着手工作呢?

作为这次建设的技术总负责人,彭士禄除了首先要求全体干部战士统一思想,认识这次建设的非凡意义,更重要的是要让大家放下思想包袱,打消思想顾虑。在那谈核色变的年代,出发前,彭士禄就听同事们说过,对核反应堆建设,下面的人有着各种各样的说法,甚至还有一些不实的传言,因而造成不少人有思想顾虑,忐忑不安,甚至在工作中也畏首畏尾。

其实,这不奇怪,因为那时人们对核能的认识,还局限于在第二次世界大战中日本广岛和长崎被原子弹轰炸后的惨况——怎么才能消除这些传言和大家的顾虑呢?

列车在夜色中匆匆行进着。夜深了,同志们都疲惫地合上了眼睛。可彭士禄还没有丝毫的睡意,他又点燃一支烟,烟头在夜色中明明灭灭。这些日子,由于工作不分白天和黑夜,脑力和体力消耗极大,他烟瘾大得出奇。为此,他不知已被夫人"帮助"过多少回了。

列车昼夜兼行,穿过郑州、驶过西安、越过秦岭,渐渐进入四川。过了剑门关,天就要亮了。晨曦中,彭士禄透过车窗向外望去,清澈的嘉陵江在山谷中蜿蜒流淌,山峦上的植被郁郁葱葱。一进成都平原,漫天遍野的绿色,铺天盖地向他眼帘扑来,他身上几天旅途的疲惫顿时一扫而光,心胸更是豁然开朗。

下了火车,上了汽车,不久他们就钻进了大山的腹地。彭士禄从车窗里伸出头去——哦,这里的山,比北京的香山大几十倍;这里的天,却只有北京的几百分之一!山上长满荆棘,却也开满野花;溪里漂着落叶,却也游着小鱼。在这陌生的地方,彭士禄和他的战友们,将要开创出一番轰轰烈烈的事业来!

由于防空的需要,核动力基地必须建在靠山的隐蔽地方,所有的建筑单楼面积都不能超过 500 平方米,做到"远看像村庄,靠山隐蔽,傍水进洞"。当时无论是厂房还是住房,都必须建成一座座低矮建筑,散布在山沟里。因为地势较低,环境狭隘且潮湿。在住房没有完全建起时,不少人只能住在帐篷和牛毛毡搭建的漏雨、漏风的棚子里。

偏僻冷寂的山沟,仿佛在一夜之间,就涌来好几千人。山里"一穷二白"的境况,让人揪心。这里除了山沟就是山峰,除了荆棘就是野草;没有住房,只有山洞;没有电灯,只有火烛。一切都要从零开始,生活工作条件异常艰苦。这里,交通不便,蔬菜奇缺,燃料不足,住房简陋,医疗困难,生活区离工作区有十几里远,无论是刮风下雨,还是三伏数九,彭

第一代核潜艇陆上模式堆厂房

士禄他们每天都必须乘大卡车早出晚归，两头不见太阳。随队来的孩子们呢，入学入托还没有着落，只好待在牛毛毡棚里，看那永远都看不完的小人书了。

酒精和啤酒的理论

到了基地，彭士禄来不及安顿下来，就马上建议指挥部召集全体技术人员、干部、战士和施工人员大会。除了和大家见面，传达中央军委和海军机关的指示外，他还专门针对核能安全问题，向大家作了如下讲话：

"同志们呐，大家现在从事的是一项前无古人的伟大事业啊！有人说，核反应堆是原子裂变，如若控制不好，就会成为一颗爆炸的原子弹！说这话的同志当然事出有因，不能随便给他们上纲上线，他们只是对核能的了解不透彻罢了。"彭士禄认真地对大家讲，"在苏联留学时，我是学核物理专业的，对这个问题应该有发言权。说核反应堆就等同于原子弹，这在理论上是无论如何也讲不通的——同志们呐，我是个喜欢喝二两酒的人，对酒的属性了解得最透彻。打个比方，核反应堆就如同啤酒，铀235只含3%；而原子弹呢，则是酒精，铀235含量有98%！喂，大家想想，火柴点酒精能点着，而要把啤酒点着，这不是闹笑话嘛！"

哈哈哈，战士和工人们笑了，还有人情不自禁鼓起掌来。

彭士禄的讲话没有高深莫测的理论，也没有晦涩难懂的大道理，他给大家讲的道理，通俗易懂又幽默风趣，一下就打消了不少战士和工人的思想顾虑。

当然，人们的惯性思维、思想顾虑，不是一两次解释就能消除的——这不，彭士禄来了不长时间，又遇到类似问题了。

"彭总，刚才接到上级通知，说核燃料已经运到了车站。"一天上午，运输处王处长来向彭士禄报告。

"好啊。"彭士禄拿起安全帽,正准备上工地,他对王处长说,"那就抓紧时间,让车队把它拉回来。另外,在警卫班叫上几个人,安全地把它押运回来。"

"可……"王处长似乎有点难言之隐。

"还有什么问题吗?"彭士禄感到有点奇怪。

"个别驾驶员说,说那东西有放射性,有点不乐意去。"

"乱弹琴!走,你跟我一起到车队去!"彭士禄和王处长急匆匆赶到车队,他环视了众人一眼,对驾驶员们讲道:"你们别听有些人瞎咋呼,那是他们不懂科学!那东西哪来什么放射性呀!"

"彭总,您别生气……我听人说,装在箱子里的核燃料,和装在反应堆里的有很大的差别。"一位驾驶员嗫嚅道,"说箱子的屏蔽条件差,放射性很强。"

"嘿,你们有些同志好像还很懂科学呢!"彭士禄不但没生气,反而笑了起来,"哪里是这回事嘛!这样,我跟着你们去,我亲自押车!"

驾驶员们愣愣地望着他们的总工程师,还有些不相信他会亲自来押车。彭士禄说罢,就上前拍了拍一个小伙子的肩膀,轻松地说道:"走,我坐你的车!我们马上出发,赶在吃晚饭前回来。"

驾驶员们见状,二话不说,跳上车就跟着彭士禄出发了。

来到车站,彭士禄跳下车来,带头将那一个个绿色的箱子搬上卡车。车装好后,他看见个别驾驶员还有点迟疑,就擦了一把头上的汗水,干脆一下爬上车后箱,一屁股坐在那些码好的绿色箱子上,对领头的那位驾驶员挥挥手:"我就坐在这上面,这上头凉快——走,你开车,我在上面给你保驾护航!"

所有的驾驶员见此情形,心里所有的疑虑和胆怯,似乎顷刻间便被抛到爪哇国去了。大家一声吆喝,车子全都发动起来,沿着那坑坑洼洼的公路,轻松愉快地向基地开去。有个当地的小伙子甚至还扯起喉咙，边开车边大声唱起山歌来：

> 凉风凉哟凉风凉，
> 凉风出在哪一塘？
> 凉风出在凉山上，
> 小姐出在绣花房！
> ……

还不到天黑，车队全部安全到达基地，驾驶员们下车，争先恐后地将装着核燃料的箱子搬进仓库。

"来来来，大家辛苦了，先抽支烟！"彭士禄见箱子和货物全搬进仓库，就掏出烟来，给每人发了一支，"这样吧，大家都是单身汉，今晚我们到了食堂，我请大家一人喝二两苞谷酒！"

第二天，彭士禄亲自押车的事，在工地上一下就传开来——面对那些核燃料，连总工都不怕，我们还怕什么！工地上，那种恐核惧核的心理阴影，不知不觉就慢慢消散了。

是啊，核动力院的张部长就说过，彭士禄处事永远没有官架子，哪怕对食堂的伙夫或站岗的门卫，他都客客气气；他为人永远是那么平易近人，哪怕对坡上放牛的大爷和溪里捉蟹的小子，他都能跟他们拉上几句家常；他讲话没有官话套话空话，哪怕在最庄重的人民大会堂，当着国家领导人的面，他也是那么坦诚实在。

在核动力基地建设紧张的时期，他整天戴着安全帽，穿着工作服，一身油污，满身铁锈，从早到晚都扑在施工和试验现场，摸爬滚打，混迹于工人、战士堆里，说话深入浅出，幽默风趣，讲的全是大实话，哪里像个总工！乍一看，顶多像个现场技术员。

运输核反应堆设备

"像彭士禄这样的领导,我们打心眼儿里服他!他不是我们从电影中看到的那种高高在上、坐在办公室发号施令的领导,而是像战争年代,和前线士兵一起冲锋陷阵的指挥员!"核动力基地的技术人员、工人师傅们对前来采访的记者说道,"这样的指挥员都不怕死,冲到前面去和敌人厮杀去了,我们这些当兵的,你该咋个办,就不言自明了。"

即使后来彭士禄已是相当级别的"高官",但他依然保留着重情重义、真挚淳朴的本性。有一年冬天,已是六机部副部长的他,听说当年在核动力基地和他一起工作过的一位老工人病重,临终前想见见他。彭士禄二话不说,立即带着礼物,驱车百余里赶到医院,来到这位老工人的病床前。彭士禄含泪握住他的手,和他回忆当年一起战斗的日子,肯定他对基地建设的贡献。两人谈到动情之处,都泪流满面。彭士禄走后第二天,这位老工人安详地合上了双眼。

"是啊,彭总和一般的科学家和官员比较起来,似乎显得有点另类。"同他一起来到基地的副总工程师赵仁恺讲道,"这,大概和他的人生经历分不开,和他从小就吃百家饭、穿百家衣,到处认爹妈、认兄弟姐妹有很大关系。一个人童年、少年形成的性格和习惯,会在他身上打下深刻的烙印呀!"

第四章　绝境中卧薪尝胆

煤油灯下创造奇迹

"既然你们是遵张爱萍将军指示，受组织委派来采写中国核潜艇诞生历程的，这自然就会涉及核动力研制问题。"在核工业部采访时，彭士禄再三叮嘱笔者，"对于核动力装置研制，我在其中的作用呢，你提一下就行了；但一定要浓墨重彩地写一个人，他就是中国核动力研制最大的功臣之一——赵仁恺！"

彭总的叮嘱，笔者当然铭记在心。

其实，赵仁恺的人生经历，也折射出中国核动力研制艰难的历程，也是彭士禄他们当时工作生活的一个缩影，确实应该重点书写。

在核动力基地建设如火如荼之际，在深山沟一所简陋的小学校里，一盏昏黄的煤油灯，每晚都发出微弱的光芒。一个中年人坐在灯下，聚精会神地设计或审查图纸资料，灯光映照在他宽阔的前额上，泛起淡淡的光影。为核反应堆能顺利试验，这盏油灯常常是整夜整夜陪伴

核动力专家赵仁恺

着他，直到远处传来鸡鸣声。

这就是同彭士禄一起来到山沟的核动力专家——赵仁恺。

他也是一个有着奇异思维的人。

赵仁恺，1923年出生，他比彭士禄大2岁。1946年他从国立中央大学机械工程系毕业后，先在南京永利宁化工厂设计科工作了几年，由于天资聪颖，加上刻苦和勤奋，很快成为一个有实践经验的设计工程师。

1953年，赵仁恺从化工厂调到化工部化工设计院，1956年又调到核工业部原子能研究所工作。这时，正好苏联援助我国的第一个重水反应堆刚开始建造，组织上派他去参加重水反应堆的建设。在那里，他对核反应堆才有了直观的印象。

当时，中国核工业技术精英都集中在原子能研究所，钱三强等一批专家也在现场指导工作。对核反应堆技术还非常陌生的赵仁恺能有机会得到大专家的指导，参加中国第一座核反应堆建设，他自然十分高兴。但他毕竟不是学核物理专业的，对当时还十分神秘的核反应堆，心里难免也有些担心。来到工作现场，钱三强对他说："世界上最神秘的东西，其实最能激发一个人的兴趣；只要有了兴趣，就能由此及彼、由表及里揭开它神秘的面纱。你这次来参加反应堆建设，完全不必担心，因为整个反应堆的安装和调试，都是在苏联专家的主持下完成的。对于核物理，你可以先搞懂基本概念，再慢慢学其他知识吧。"

钱三强的话，坚定了赵仁恺攻克核物理这门学科的信心。1958年秋，根据中苏协定，为了启动中国的核潜艇工程，赵仁恺受部里委派，随同海军政委苏振华访问了苏联。前面讲过，在苏联，他们连参观一下"列宁"号核动力舱室的愿望也不能实现。面对国外对核反应堆技术的封锁，赵仁恺更坚定了要攻克这个堡垒的决心。回国后，他参加了自主建造反应堆的工作——让人不可思议的是，短短几年，赵仁恺就从一个外行成为内行，并开始独立进行核反应堆的设计工作。在国家要上马核潜艇工程时，他从众多技术人员中脱颖而出,从石墨生产堆队伍中被"抓"出来,开始了核潜艇反应堆的设计。

"在国内,搞核潜艇反应堆,当时谁也没有搞过,世界各国也刚起步不久。如何计算,如何把零件弄好,这些东西都没有实物和资料参考,完全要靠自己。有了基本的物理概念、基本的计算分析,只能再通过试验,验证自己的东西。"接受笔者采访时,赵仁恺回忆道,"当时,我们要在没有路的地方走出一条路来,真是不容易呀!很多试验装备和试验手段,国内根本就没有。核燃料要从二氧化铀开始,全部从头弄起。同时,核潜艇工程是一个涉及从化工、机械到最尖端技术的庞大工业体系啊!"

到1960年,在中苏关系恶化、苏联专家撤走的情形下,赵仁恺等人卧薪尝胆,经过近两年的艰苦努力,一部潜艇核动力装置的设计方案横空出世。

二机部部长宋任穷拿到这个方案,听完汇报后作出批示:这是第一次搞,还是留有余地好,就叫"初步设计草案"吧。就这样,《潜艇核动力装置初步设计(草案)》正式出台上报。[1]

按中央指示,他们开展了全国工业水平大调查,使设计与我国科技和工业水平能够相符。比如反应堆需要用的锆管,当时能不能做出来?一些在国内无法实现的目标,他们就修改方案参数。

"核潜艇反应堆技术难度最大、研制周期最长,其中要求最高的就是燃料元件。而搞燃料元件的研究,必须要有一些基本条件。核材料的基干结构是二氧化铀,还是金属铀?或者别的什么东西?"赵仁恺回忆道,"制造出来以后,不带放射性时要进行检测,发生了裂变反应以后,再看它的变化。经过各种环境的考验,都没问题了才算合格。此外就是水怎样冷却,出了事故以后,如何把反应堆的热量带走。在出故障的时候,仍然要保证

---

[1] 杨连新. 见证中国核潜艇[M]. 北京:海洋出版社,2013:46.

对反应堆的控制。"

这时，赵仁恺已经从一个搞化工的技术人员成了核动力专家。

"1965年核潜艇重新上马，工程也顺利进入陆上模式堆的验证阶段。这时候，刚好我国开始三线建设。1965年，彭总和我就到了四川了。说句玩笑话，那时，我们是骑着毛驴进山的呀！"

在这里，赵仁恺虽是基地副总工程师，却和所有的同志一样，白天要上山打柴、下河挑水；晚上，忍着蚊叮虫咬，还要在煤油灯下做技术设计和图纸审查工作；夜里，蛇鼠绕床的险象也时有发生。但他一心想的是，尽快研制成功核动力装置，为核潜艇装上"心脏"。在核潜艇陆上模式堆进入调试阶段时，他和全体设计人员一起，连续3个月不分昼夜奋战在现场。困极了，就地躺下眯一会儿，醒来还接着干。人累瘦了，眼熬红了，但没有一个人退却。

就这样，在山沟里的无数日夜里，在昏暗的煤油灯下，赵仁恺审查修改了上千份技术资料和图纸，完成了陆上模式堆建设的技术设计并组织施工。

"只可惜，后来赵总那盏煤油灯弃之不用后，不知送给那里的哪户农民了。"采访时，核动力院宣传部张部长对笔者讲道，"不然这盏油灯，真成了我们院珍藏的一件很有价值的文物了。"

第一艘潜艇核动力装置设计试验完成后，赵仁恺又领导了中国第一艘核潜艇的核动力装置退役，并组织领导了新一代先进潜艇的核动力研究设计，同时为中国潜艇核动力的发展和海军核潜艇部队的安全运行提供了完整的实践经验。再后来，他任中国核动力研究设计院副院长兼总工程师、国家核安全局专家委员会副主席、国家863计划能源领域第二届专家委员会首席科学家。

作为技术负责人之一，赵仁恺还主持完成中国第一座生产反应堆的研究设计和试验，为秦山二期60万千瓦核电站立项和前期技术研究组织开展

我国首艘核潜艇退役后对公众开放展出

了大量工作,为我国核电事业的发展发挥了重要作用。1991年他当选为中国科学院院士,1994年当选为中国工程院院士——当然,这些都是后话了,还是让我们回到核动力基地建设时的境况中来。

伉俪情深总相随

"他这个人哪,是不撞南墙不回头!只要做起事情来,什么都忘了,对自己的身体完全无所谓,那是在玩命呢!"夫人马淑英生气时曾这样说彭士禄。

彭士禄虽远离北京，但他在核动力基地玩命似的工作，早有人传到北京，让他的夫人马淑英实在太担心、太忧虑了。为了支持丈夫的事业，马淑英毅然带着两个孩子，离开人人都向往的北京，千里迢迢来到四川的山沟里，改行从事核潜艇技术情报工作。

那天下午，秋阳高照，天高云淡，是山里难得的好天气。彭士禄亲自赶到车站，去接夫人和两个孩子。马淑英一见丈夫那又黑又瘦、满脸疲惫的样子，禁不住心里阵阵发酸。

"嘿，玛莎呀，你老盯着我干什么！"彭士禄接过夫人的行李，抬头看了夫人一眼，他似乎意识到了什么，赶紧说道，"说实话，来这里这么长时间了，我还真想念你和孩子们呢！"

"你还知道想念我们呀！"马淑英嗔怪道，"哼，谁不知道你心里想的是什么呀！"

"是呀是呀，叫人遗憾，我就是夫人太多呀……"彭士禄嬉皮笑脸地回答道，"我的第一'夫人'呢，当然是核动力；第二'夫人'自然是烟酒茶；小玛莎，你是我的第三'夫人'呢！"

彭士禄幽默风趣的回答，引得旁边的人捧腹大笑。

当然，这是彭士禄与夫人开玩笑的话。他这样的排序，在夫人那里自然通不过，后来他只好将顺序改了过来：第一"夫人"是核动力；第二"夫人"是小玛莎；第三"夫人"才是烟酒茶。

其实，马淑英来到西南山沟，当然是事出有因的：不仅是为了支持丈夫，也是为了支持国家的核潜艇事业。她是辽宁人，当年到苏联喀山化工学院留学时，才刚满18岁。后来她转至莫斯科门捷列夫化工学院学习，以全优的成绩完成学业。回国后，她在北京化工学院任教，深爱自己的教育事业。她的课讲得很好，在学校是出了名的优秀教师，也因此深受学生们的喜爱。当她要离开北京化工学院到四川去时，学生们很舍不得这位马老师。离别之时，很多学生都来给她送行，哭着跟她拥抱，久久不能放手。

而今，为了支持丈夫在西南的工作，她向组织上申请，千里迢迢地从北京搬到四川的山沟里来——来到这里后，她担任过研究室主任、高级工程师，获得过国家科技情报成果一等奖、部级科技进步奖和优秀科技情报成果奖等。

是啊，马淑英带着两个年幼的孩子，从北方来到南方，从繁华的都市来到边远的山沟，说起来是真不容易——生活不习惯怎么办？孩子正在读书的年龄，来了以后读书怎么办？没有吃住的地方怎么办？自己工作转行后能适应吗？……一连串的问题摆在她面前。但，她依然义无反顾地来到山沟，来到丈夫身边。

四川多雨，山地潮湿，再加上生活条件艰苦，医疗条件简陋，这让常年患有风湿性心脏病的马淑英苦不堪言。来到这里，她看到的是荒凉的山野、泥泞的道路、用石头和稀泥砌起来的"干打垒"房子，吃的是从山上采来的竹笋和野菜，睡的是木板上铺的草袋子，点的是煤油灯，条件艰苦自不必说——但，这有什么办法呢？丈夫身边没有一个人来照顾和"监督"他，那是万万不行的呀！她知道丈夫虽然是基地的领导，但他从来就不会把自己当成领导对待；就连基地规定应该享受的待遇，他也会主动推辞，不会去享受的。

更让她担心的是丈夫那拼命三郎似的秉性。他干起工作来，不论白天黑夜，毫无时间概念。工作紧张时，他时常是几天几夜在工地连轴转。实在太困了，就把大衣一裹，脑袋一蒙，无论天寒地冻，还是蚊叮虫咬，他随便就可以在哪条板凳上过一夜。生活上，他更是个随意凑合的人，一碗白水饭或两个烤红薯就可以对付一顿。一天工作下来，实在太累时，他会在工友的撺掇下，就着一把生花生或一根泡咸菜，和他们大碗喝酒。

平时，他还嗜烟如命，当地山民抽的那又苦又辣的"叶子烟"，他照抽不误。据说，实在没烟抽时，他还扒拉过山坡上的树叶、草叶当烟抽！什么红薯叶、野山茶，什么柑橘叶、蒲公英，他都尝过哩！难怪工地上有人开玩笑说他是"神农的门生"。

唉，有什么办法呢？他从小形成的生活观念，从小养成的生活习惯，要让他改，真是比登天还难哪！

"在常人看来，我是英烈之后，会给人不一样的感觉。但我从没背过这个包袱，更不会以此自居。我只是一个普通党员，只是觉得做任何事情，都一定要对得起老百姓、对得起党。所以我从来是与人无求、与世无争、助人为乐。我是什么烟都抽，什么酒都饮，什么茶都喝——烟酒茶不分家嘛。"采访中，彭总说到这里，爽朗地笑了起来。

带着儿女来到山沟的马淑英，和她丈夫一样，马上就投入紧张的工作之中。那年春天，8岁的女儿彭洁患病住进了医院，而日夜都在核反应堆上拼命工作的彭士禄夫妇俩却不能守护孩子。妈妈好不容易挤出时间来看女儿，女儿却让她别告诉爸爸，等他工作完成后再和他说；10岁的儿子彭浩一个人去洗澡，不慎被碎玻璃瓶扎破了脚，缝了11针，留下了残疾，他大脚趾至今不能自由弯曲，但儿子同样不让妈妈告诉爸爸……

"玛莎呀，这点困难算什么呀，我们和大西北戈壁滩上那些搞原子弹人比较起来，这里还算是块福地呀！没有风沙，没有严寒，没有干旱，没有狼群——坚持吧，坚持就是胜利！"彭士禄对夫人说，"你想，国家造核潜艇和反应堆，都让我们赶上了，这是我们的运气，是千载难逢的机遇啊！"

马淑英深知，尽管她和彭士禄风雨相伴这么多年，伉俪情深，但事业总是丈夫的第一生命。在她眼中，彭士禄是一座山，他把全部的青春、热血、智慧和赤诚献给了核动力事业。

到20世纪70年代初，核潜艇搞成了，要出海做潜航试验，身为总设计师的彭士禄总是身先士卒，经常随艇出海。有次临行前他对夫人马淑英说："你放心，这次定能成功，我有信心——不过呢，万一我喂了王八，你也别哭。"

马淑英看似柔弱，其实是个很坚强的女性。她和她丈夫一样，也是个从不攀附权力、不攀附资本，有着独立人格、独特个性的科学家。记得20世纪90年代中期，笔者写出《彭士禄在四川隐姓埋名的日子》一文，发表在《国防工业》和《神剑》杂志上，引言中提到彭士禄在苏联留学时，曾与某国家领导人为同学时。没想到，马大姐专门打电话来，要笔者在文章再发表时，一定要删掉某领导的名字。她说：彭士禄就是彭士禄，他只是一个普通的科技工作者而已；而某领导是声名显赫的国家领导人，千万不要将他们相提并论，这样怕引起读者的误会，说老彭用国家领导人来抬高自己的身价呢！

放下电话，笔者感慨不已。

马淑英因患有严重的风湿性心脏病，在潮湿闷热、缺医少药的山沟工作的那些年，使她的健康更受到严重损害。她比彭士禄小9岁，却走在了丈夫前面。2012年8月，笔者到北京参加核潜艇电视剧拍摄筹备会时，想再去拜访彭总夫妇时，才知道马大姐已经在头年因病去世！哀痛之余，忆起当年采访她时的情形，想起多次与她通话时她那温文尔雅的话语，不由得让人眼睛潮湿、唏嘘不已。

工程最紧张的时期

这一年，川西山中的冬天特别冷，从西伯利亚袭来的寒潮，越过秦岭，席卷了整个四川盆地。山顶上已铺上积雪，工地地面上结了冰，上班的人们的劳保皮鞋踏在泥地上，只听一片"嚓嚓"的声响。

即便是这样的鬼天气，核动力工地上依然灯火通明，锤声铿锵，焊花飞溅，人声鼎沸。在数千名工人、干部、技术人员和解放军战士的日夜奋战下，基地路通了、电通了、水通了，土地已经基本平整，基地建设已见雏形。随后的厂房建设、设备运输、安装调试，已到了最紧张的阶段。

时钟嘀嘀嗒嗒地走着,转眼间新年已经到来。按中央专委的指令,为了1970年核反应堆试制成功,好长时间以来,工地上早已没有了白天和夜晚的区别,已经没有了节假日和星期天的概念。

山里飘起了雪花,寒风吹拂着落叶。荒野中,动物们早已蜷缩在窝里,几片枯萎的黄叶,在光裸的树枝上瑟瑟战栗。

"何总指挥啊,现在厂房建设、设备安装任务这么紧张,职工和民工们一直都在没日没夜地干。今天,我又到食堂去看了看,这伙食实在太差了,长期这样熬下去,总不是办法呀!"这天,彭士禄匆匆来到指挥部,对工地指挥长何谦讲道。

"是呀是呀,我们的职工每月只有国家供应那点粮食,还要搭一半的粗粮,每月供应的4两油,还经常买不回来。"何谦闻言,叹了一口气,"民工们的生活就更苦了,还要从家里带粮食,只能在食堂蒸煮一下,我见他们好多人吃的都是红苕和苞谷,有时连菜汤都喝不上——这些都叫我心里很不是滋味呀!"

"部队的战士嘛,他们虽然生活也艰苦,但粮食、副食供应还是有基本保障的,这我倒不担心。"彭士禄犹豫了一下,"指挥部能不能想想办法,给工兵营的领导商量一下,先借给我们部分粮食,熬过这段时间再说。另外,能不能再给地方上联系一下,让他们能在粗粮、蔬菜方面给我们一些支持呀!"

"地方上目前也很困难呀,我们来了以后,已给他们增添了不少压力,他们在人力、物力上给我们的支援已经不小了。跟部队借粮的事呢,我可以跟他们商量一下。"何谦皱了皱眉头,说道,"唉,目前到处都还乱哄哄的,工农业生产没有恢复,整个国家都困难。昨天我一位老战友来信,说西北导弹基地的情形,也跟我们这里的情况差不多呀!"

"是啊,我知道地方上也很难,老乡们的生活也苦啊。"彭士禄也轻轻叹了口气。何谦接着说道,"是呀,每次我走进食堂,看着那些劳累了一天,甚至连续几天加班加点，拖着满身泥水、疲乏不堪的职工手里就拿着一个苞谷饼或是蒸红苕，端着一碗清汤寡水的白菜汤或萝卜汤——唉，我这指挥长，心里有愧呀！"

"这也不能怪您，目前整个国家都困难，到处都是这样的情形呀！"彭士禄点燃一支烟，突然像想起了什么，"前不久，您不是带人到其他三线企业去学习抓农副业生产的经验吗？我想，我们是不是也组建起一个什么'生产队'来，把我们地界上的荒地开垦出来，种上粮食和蔬菜，不是很好吗！"

"这件事我已筹划好久了。我的想法是，先把基地的职工家属组织起来，走'五七'道路，成立一个农副业生产队，再从民工连抽出两个有经验的农民工来。"何谦若有所思地说道，"等天气转暖了，就带着她们开荒种地。只要把地种好了，我们就能养猪、养羊、养鸡……要不了半年，就能实现生产自救，丰衣足食了呀！"

"好啊！我们是应该把改善职工生活问题，提到议事日程上来了。"彭士禄说，"另外，天气这么冷，职工宿舍也要抓紧建设，尽快让大家从老乡家里和牛毛毡棚里搬出来。"

"是呀。"何谦说，"刚才我还到工地上转了转，学校和职工医院也要抓紧施工，尽快投入使用。不管怎样，走'五七'道路，搞生产自救、丰衣足食，是毛主席提出来的，应该不会有错。农副业生产，我们一定要尽快把它干起来！"

"但远水解不了近渴。目前正是工程最紧张、最关键时期，我们不能让职工的身体一个个都垮了呀！"彭士禄有所担心。

"这，我知道了，你让我再仔细琢磨琢磨。"何谦说，"活人不能让尿憋死，办法总是人想出来的嘛。"

"何总呀，我倒有一个办法。"彭士禄凑上前，悄悄给总指挥出了个主意。

"啊，我看你这办法行，还真有点创意，我同意！"何谦一听彭士禄讲的办法，他马上表态说，"这边的情况，和那边的情况肯定有差别，我叫后勤部门的同志明天就出发，抓紧时间去办！"

一曲悲壮而动人的歌

夜深了，试验大厅工地上灯光摇曳，人影晃动，锤声铿锵，焊机轰鸣，依然是一片紧张忙碌的景象。

"开饭啦！开饭啦——"出人意料的是，今夜，指挥长何谦和总工程师彭士禄竟带着食堂的炊事员，把加班饭送到工地上来了。

大概施工任务实在太紧张，尽管抬着箩筐、挑着铁桶的炊事员们喊了好一阵，可大伙儿都只顾忙着手里的活计，并没有人理会他们。房顶和脚手架上，吊车依然运行，弧光依然闪烁，锤声依然铿锵，一切工作都在紧张有序进行着。

彭士禄见工地上的人如此无动于衷，他大步上前，登上脚手架，啪啪关掉两台电焊机，走到一个电焊工面前，敲了敲他的面罩："喂，小伙子，下去休息一下，喝碗热汤！"

那电焊工摘下面罩，定了定神，看了看眼前的人。灯光下，他眼前这个人没戴安全帽，胡子拉碴，满脸倦容，也是一身污泥，一头乱发在寒风中飘拂着。

"啊，彭总，是您呀！"那工人惊了一下，放下焊把，倏地站了起来，"这么晚了，您、您还没休息……"

"下去休息一会儿吧。"彭士禄接过他手中的面罩。

在何谦、彭士禄等人的催促下，大伙儿这才陆续放下手里的活计，钻出操作台，走下脚手架，来到可以避风的大厅里。炊事员揭开盖着棉被的箩筐——真好啊，筐里是热气腾腾的馒头；打开铁皮桶盖，一股诱人的香味扑鼻而来！

"实在对不起，实在对不起！"彭士禄站在铁皮桶前，大声对大伙儿说道，"我知道，我们食堂的伙食实在太差了，大家劳动量又这么大，搞后勤的同志也想给大家改善改善伙食，可他们也实在想不出更好的办法来，实在是对不起大家了……"

"彭总，这个我们理解。"一个头发花白的老职工说，"你们不是天天也跟我们吃一样的伙食吗？你们比我们辛苦，你们能吃，我们也能吃！"

"这位师傅言过了！我们只是跑跑腿动动嘴，你们是干的是重体力劳动！"何谦接着彭士禄的话说道，"没抓好大家的生活问题，主要是我这个指挥长的责任！当然，我们以后会尽量把大家的伙食搞得好一点！"

"同志们哪，实在对不起。"彭士禄从炊事员手中接过盛汤的铝瓢，敲了一下铁皮桶，对大伙儿说，"这些日子，我们搞后勤的同志为了改善大家的伙食，想了很多办法。这回他们费了好大的劲，顶风冒雪翻山越岭，才从阿坝州藏族同胞那里买回来两车青稞和荞麦，还有这一大堆牛骨头羊骨头，今天给大伙儿熬了两锅骨头汤！大家不要嫌弃，喝两碗暖和暖和身子吧！"

真是奇怪，大伙儿听彭士禄如此一讲，竟然都默不作声了。彭士禄将盛汤的铝瓢端了许久，却没有一个人上前！灯光下，大伙儿拿着饭盒或搪瓷缸，望望指挥长，又望望总工程师，一时间像凝固了似的。站在最前面的是两个一身铁锈、满脸尘灰的姑娘。不知怎么的，她们看了看面前的这些领导，又看了看眼前那一桶桶飘着香味、冒着热气的骨头汤，黢黑的脸上，竟然流下两行泪水来……

"她们已经连续加班13天了……"工地负责人老李站在彭士禄旁边，低声说道。

彭士禄怜爱地望着两个姑娘，对她们轻轻地点了点头。

是啊，彭士禄和何谦他们天天来到工地，和这里的干部职工一起摸爬滚打，工地上的情况他们何尝不知道：那总体实验室的党员老杨，他爱人和孩子就住在附近老乡家里，但他已经半个月没回家了；运输处的青年工人小苏，家里来信不断催他回去结婚，可为了赶工期，他把婚期一拖再拖；青年焊工小刘、小孙，每人每月完成工时700多个，相当于一人干了4个人的活！

此时，整个工地上安静极了。凛冽的寒风从门外吹来，吹动着人们头顶上的钢绳和电缆，发出呜呜的声响，仿佛在哼着一曲悲壮又动人的歌……

水电组组长老王在日记里写下了这样一段话："好同志！我有责任向上级汇报你们的事迹，我有责任保护你们……小钟带病工作十多天，被高烧烧成肺炎，今天医生要送他到县城去住院，他临走时还要请我'原谅'他。我含泪说：'小钟啊，请求原谅的应该是我，是我没尽到责任，让你的病发展成了肺炎。'还有，老赵刚刚从医院出来，每天一边打针，还一边坚持工作。老孙的孩子病了，他把孩子送到老乡家看管，又回来工作……"

"我们的职工真是太可爱了。"回去的路上，何谦感慨地对彭士禄讲道，"我看问题或许有些偏颇，但我平生最敬重的就是我们的这些工人和士兵——当然，还有你们这帮所谓的'臭老九'！"

第二天，有人给基地《快报》写了篇通讯稿，稿子的结尾处这样写道："昨天深夜，何指挥长与彭总工程师亲自带着食堂的同志，专门送来了两锅骨头汤，这对大家来说，实在太珍贵了；但更珍贵的，是基地领导对咱职工们的那份情义啊！我们一定要努力加油干，保证今年顺利完成核反应堆启堆试验任务！"

第五篇

震惊世界的壮举

> 我有幸被"美誉"为"彭拍板"。凡事有七分把握就"拍"了,余下三分通过实践去解决。这属本性难移,急性子。科技人员最珍惜时间,时间是生命、是效益、是财富。有些问题只有赶快定下来,通过实践再看看,错了就改,改得越快越好,这比无休止的争论要高效得多。

第一章　启堆前的果断决策

"彭大胆"和"彭拍板"

"在几十年从事核动力研制的生涯中，别人送了我两个外号，一个叫'彭大胆'，一个叫'彭拍板'。"彭老喝了一口水，放下水杯，对笔者笑了笑说道，"其实，我早就知道，在核反应堆论证初期，同事们就私下送了我这两个外号。"

"在科学的道路上，从来没有平坦的大道可走，只有在崎岖的山道上不畏艰险勇于攀登的人，才有希望到达光辉的顶点。"这句话，彭士禄一开始就把它记在了日记本上——既然科学的山道是崎岖的、艰险的，那么在这山道上攀登的人，难免就会产生分歧产生争论。纵观世界科学史，哪一个重大的科学问题，没有进行过激烈争论，没有进行过长期的论证？这些争论，有时延绵几十年、上百年，甚至几个世纪——比如达尔文的进化论、哥白尼的日心说。

前面讲过彭士禄在学术上与人的争论。当时，年轻的彭士禄既非学术泰斗，也非权威大家，他超常的思维往往只有少数人能够理解和支持，更多时候，他都处在反对意见的合围之中。

"当时各种争论实在太多了，这当然是好事。我认为，激烈的争论能使人的智商发挥到极致，说明每一个人都调动了自己的全部智慧；在创造性的思维领域里，集体的智慧肯定是无穷的。"彭士禄回忆道，"等大家争论得差不多了，总得要有人来拍板呀！就像足球场上，不可能让球员把球踢个没完没了呀!"

通常的情况是,彭士禄说:"大家别争了,还是做试验吧,用数据说话!做完试验,我来签字!干对了,成绩归大家;干错了,我来负责。"

就这样,凡事有七分把握,彭士禄就敢于拍板,余下三分问题,再通过实践解决——自然,这比无休无止的争论高效得多。

在核反应堆设计初期,原子能研究所有人设计了个方案,这个方案的一回路有个主参数,压力选为200个大气压。这个参数据说是以苏联"列宁"号核动力破冰船为基础,以其成功的技术、资料、参数来设计的。方案完成后,准备用来向国庆献礼。

"这个方案恐怕不行。据我所知,我国从来没有过这么大功率的动力设备。"彭士禄说,"热电厂最高才90个大气压,功率也比这个小得多。国内的设备制造水平,与这个设计参数差别太大,脱离了现实。而且,我对苏联这个参数的来源,持怀疑态度。"

彭士禄与科研人员讨论工作

彭士禄经过仔细计算，画出曲线，最后断然指出这个数据是错误的。若选这个参数，临界热流小，元器件还会烧毁，引发大事故。他认为，国外的"孤立的最佳值法"和"电能价标最低值法"很难在实际中运用。他别出心裁，根据参数矛盾的性质、主次矛盾的关系，提出了"独立参数分析法"，从 100 个以上的重要参数中找出几个重要参数，确定合理范围。根据这个法则，在一回路中取了一个最佳值的大气压。

面对已有的大树，敢于不去攀爬，自己却独辟蹊径，是要冒巨大风险的。可当时还是无名小卒的彭士禄，却把这个板拍定了。试验的结果证明，彭士禄这个板拍对了。后来，苏联的一本学术杂志公布，他们的"列宁"号破冰船也并不是 200 个大气压，而是另外保密的参数——好险！差点走了弯路，误入歧途。

敢冒风险，敢于拍板，这需要多大的勇气和底气啊！何况是在国防重点工程中敢于断然拍板，敢于大胆否定国外权威们的设计啊！

彭士禄在《回顾与展望——新中国的国防科技工业》一书中写道：

要实现反应堆物理计算全靠自己建立计算模型，推导公式。为了证实理论计算公式的正确性，收集了世界上十几个零功率堆的临界数据，经过逐一验算、校核、修正，最后才得出一个适用的计算公式。60 年代中期，我们物理计算方面主要靠的是计算尺和手摇计算器，可见其工作是何等繁重而艰巨。为了进一步证实计算公式的准确性，还建立了常温零功率堆和高温零功率堆，经过反复试验和修正。科技试验人员发挥了他们的聪明才智，用最短的时间和最少的经费，建立了一比一的零功率试验装置。经过仔细的试验、修正，最后得出了所设计的反应堆在冷态下完全可控制的结论，同时取得了大批极有价值的参数。他们为反应堆的安全启动和运行做出了极大的贡献。[1]

---

[1]《回顾与展望》编辑委员会. 回顾与展望——新中国的国防科技工业[M]. 北京：国防工业出版社，1989：208.

在核燃料组件的设计和研制中，也是如此。彭士禄带领团队的科技人员，从零做起，循序渐进，艰难攻关。其核燃料组件的设计涉及反应堆物理、热工水力、冶金、核燃料、机械、化工腐蚀等专业。他们只能虚心向有关专业的内行学习，通过边学边干来丰富自己的知识，验证自己的设计思想。从锆的提纯到锆合金的冶炼和制作成型，直至 100% 的无损探伤合格后，才发到元件制造厂。从无到有的这个创新过程，要攻克多少难关、冒多大风险呀！在此过程中，没有人敢冒风险，没有人敢于拍板行吗？

当时，由于核动力装置乃至核潜艇工程，是国家最高密级项目，附着了过多的政治色彩，又处于人人自危的特殊时期，大家做事都小心翼翼，生怕出点问题连累自己和家人，所以在设计指标上也有人为拔高、宁高勿低的现象。如此一来，不但违背了科学、客观、经济的设计制造要求，而且脱离了我国工业实际；不但"既费马达又费电"，还严重影响了工程进度。

年轻的彭士禄，作为核反应堆研制的主要技术负责人，他肩上的责任重于泰山。核安全，是他思想上绷得最紧的一根弦。他敢冒风险，敢于拍板，敢于担当，缘于他手里始终牢牢握有"三张牌"。

第一张牌：数据为王。"但凡工程大事必须做到清清楚楚、心中有数。"他说，"搞核潜艇时我们没有计算机，只有计算尺和手摇计算器。科技人员夜以继日计算了十几万个数据，并建立了自己的反应堆物理计算公式。"

第二张牌："简单牌"。他认为，凡事越简单越好，做事不能做"加法"，而要做"减法"，要化繁为简。他总是善于把复杂的工程问题、经济问题做最简单的求解。

第三张牌：被他戏称为"懒汉牌"。这就是，他相信群众，善于发动群众，依靠集体的智慧，齐心协力完成任务。曾任中国核动力研究设计院总工程师的黄士鉴说："彭士禄善于培养年轻人。他总说年轻人思想活跃，接受新生事物快，要放手让年轻人去干。跟着这样的领导干，心里很是痛快。"

彭士禄敢冒风险，敢于拍板，敢于担当，是基于严谨的科学态度，是在严格的数量化基础上的拍板；是无私无畏，对国家、对人民、对历史敢于负责的拍板！后来，他又被任命为核潜艇的第一任总设计师，在长达6年的研制过程中，他到底面临着多少压力，承担过多少风险，拍过多少次板，已经不胜枚举了。

万事俱备只欠东风

7月的川西，骄阳高照，雾霭轻拂。从山谷里吹来的风，带着丝丝的凉意。坡上的野毛桃结果了，岩壁边的刺玫瑰开花了。

"山中才一日，世上已千年呀！"

彭士禄今天心情特别好，检查完整个核动力装置试车前的准备工作，他和指挥长何谦走出车间。抬眼一看，夕阳已快落山，晚霞把天边染得绯红。他停住脚步，望着远处苍茫的群山，望着满天绚丽的云霞，禁不住发出一声感叹。

两年多来，在上级部门的统一领导下，数千名干部、工人、技术人员和解放军战士，为保证1970年完成启堆试验，交出合格产品，他们排除各种干扰，克服种种困难，日夜奋战，将先前失去的时间抢了回来。

在设备安装调试阶段，彭士禄亲自担任模式堆安装突击小组组长，吃在工地，住在现场，将整个身心都扑在了启堆准备工作中。在试验大厅里，他像钉子一样钉在现场，与安装人员一同钻进与艇体一般大小的钢铁巨壳里，面对错综复杂的回路系统，日夜不停地检查调试、分析研究。哪怕一根管道、一个垫圈、一颗螺丝钉，他都要对照图纸仔细检查确认后才放心。钻出钢铁巨壳，他又来到繁忙的大厅。那段时间，到处都晃动着他瘦弱而疲惫的身影，到处都能听到他那干涩而沙哑的声音。哪里有困难，他就来到哪里；哪里有问题，他就出现在哪里。处理起问题来，他果断决然，绝不拖泥带水；需要表态的事，他干脆利落，绝不闪烁其词。在最繁忙的一个月时间里，他体重竟然轻了十多斤！

陆上模式堆压力容器安装现场

而今，近万台套设备已安装完毕，核潜艇陆上核动力模式装置经反复调试，终于在艰难中走完了它的最后准备阶段。

1970年6月28日，反应堆安全达到冷态临界；6月30日，达到额定参数下的热态临界。[1] 即将进入启堆提升功率这一关了！

现代科技的最高峰，如同世界第三极珠穆朗玛峰，始终笼罩着一层神

1　杨连新. 见证中国核潜艇[M]. 北京：海洋出版社，2013：65.

秘的面纱，让人遐想和神往，人们穷尽一切力量想征服它。为了这一天的到来，彭士禄和他的战友们，在一张白纸上，从开始用鸭嘴笔画出第一根线条起，经过十多年卧薪尝胆、艰难跋涉，而今终于看见了地平线上的曙光，看见了沙漠边缘的绿洲！

为了这历史性的启堆试验，核潜艇工程领导小组研究决定，由核动力研究所的彭士禄、赵仁恺、傅德藩和各研究室主任、副主任担任试验总指挥值班，及时研究处理试验中的技术问题。

基地上的人们迫切期待、望眼欲穿的时刻，终于就要到来了！

核动力装置启堆提升功率，这在我国核动力史上，可是开天辟地第一回！从国务院、中央军委到海军总部，首长的目光都聚集到了西南的这个边远的山沟；基地指挥部领导和核动力研究所的科研人员，都将心提到了嗓子眼。

事关重大。

7月6日，即启堆前的12天，核潜艇工程领导小组会议召开。[1]

会议首先听取了彭士禄、陈右铭关于陆上模式堆建设、设备安装调试、试验计划安排、质量检查情况、安全措施落实等情况的汇报。

"同志们，陆上模式堆基地，经过两年多艰苦建设，而今已初具规模；核潜艇陆上核动力装置，目前设备安装调试已经完成。两年多来，基地的科研人员、工人和全体官兵们夜以继日、艰苦努力，顺利地完成了基地建设的任务，我代表核潜艇工程领导小组和海军司令部，向你们表示崇高的敬意！"萧劲光在听完彭士禄他们的情况汇报后，首先讲道，"目前，核潜艇艇体和其他分系统制造安装已基本完成，各系统正在进行联调联试。几天前，潜艇生产厂的同志向我报告，现在是万事俱备，只欠东风了，只要装上它的"心脏"——核动力装置，潜艇就可以下水进行系泊试验了！所以，这次核反应

---

[1] 会议内容请参考陈右铭、彭士禄等对核潜艇工作的工作体会，以及《蘑菇云作证》一书。

堆启堆试验,是这项工程成功关键中的关键;能不能保证核潜艇今年顺利下水,就看这次启堆试验了。"

"劲光同志说得对,这次核动力装置试验,是这项工程成败的核心问题。"钱学森说,"核反应堆试验,虽然不等同于原子弹爆炸,但它和原子弹都是'核家族'成员,它的能量和风险不可小觑。我们毕竟是第一次启堆升温升压,所以首要的还是必须贯彻严密组织、精心指挥、安全第一的试验原则,严格坚持岗位责任制,严格执行操作规程,防止事故发生。"

"对,这件事太重大了。"李洪如接着说,"据我所知,世界上只有少数几个国家做过这样的试验,他们的试验过程、试验结果目前还处于保密状态。就连英国人目前下水的核潜艇,其核动力装置也是全套购买美国人的。我们首次进行这样的试验,必须测试各种技术数据,通过试验发现和解决装艇设备的技术、质量问题,做好在各种复杂情况下,能迅速处置各种问题的预案。"

"我到核动力基地去过两次,那里的科研、试验、生产和生活条件都很差,在这么短的时间里就能进行启堆试验,真是太不容易了!"罗舜初对彭士禄和陈右铭说道,"经过同志们艰苦卓绝的努力,现在我们终于看到胜利的曙光了。在启堆前,你们还有什么困难,一并提出来,我们会尽力帮助你们解决。此外,还必须要求海军和船厂参试人员参加值班学习,到首艇试航时能独立操纵,在大家共同努力下,全力以赴地完成好这次启堆试验!"

……

"按照中央专委指令,今年核潜艇无论如何也要下水。从目前的工程进展来看,只要核动力装置试验成功,年底前潜艇下水的进度是能够保证的。"萧劲光待与会者都发言之后,最后讲道,"这次启堆试验,非同小可,正如同志们讲的,是史无前例的第一次,事情太重大了,必须报告中央专委和中央军委,请示周总理亲自决策——会后,请核动力研究所和核潜艇办公室的同志，综合一下今天大家提出的意见和建议，整理好材料，专门向中央专委和周总理汇报。"

散会后，彭士禄走出海军招待所，急急往机场赶去。他要马上赶回基地，箭在弦上，启堆前还有好多问题等着他处理哩！

周总理听取汇报

"彭总，刚才北京来电话，叫您和昝云龙、王汉亭马上赶到北京去！"彭士禄刚回基地没几天，7月14日这天，他正在试验大厅做启堆前的准备工作，办公室主任突然急匆匆赶来告诉他。

"电话里没讲什么事吗？"彭士禄抬头问。

"具体没讲什么事，只是叫你们带上启堆前的所有汇报资料，马上赶到北京去。"

哦，肯定是周总理等中央专委领导，要听他们启堆前的准备情况，审查决定启堆的具体事宜。彭士禄赶紧放下手里的工作，匆匆赶到办公室，换了一下衣服，连家也没回，就和昝云龙、王汉亭往成都机场赶去。

当彭士禄他们马不停蹄地赶到北京时，已是下午了。7月的北京，下午的太阳依旧火辣，天气十分炎热。到了晚上，同志们都休息了，核潜艇办公室主任陈右铭躺在床上却辗转反侧。他对明天向中央领导汇报的事始终放心不下。半夜睡不着，他干脆爬起来，走到彭士禄房门前，见房间里的灯依然亮着，彭士禄正汗流浃背地伏案整理汇报提纲。

陈右铭推开门，走到彭士禄身边，关切地对他说："老彭呀，周总理和其他中央首长太忙了，他们国内国外、党内党外、政治经济、科学文化什么都要管，每天要处理事情实在太多了！你明天汇报时一定要简明扼要，不能多占用总理的宝贵时间。"

"放心吧，我在总理身边生活过，我知道，他的工作作风深入细致，一丝不苟，尊重科学，实事求是，工作中容不得半点马虎。"彭士禄摘下眼镜，揉了揉酸涩的眼睛，"我的汇报会尽量压缩，不会多占时间，但也要讲清楚呀，不然要受批评的。"

"那，你材料整理好就抓紧休息吧，明天的事情还多着呢。"陈右铭转身准备回屋，像又想起了什么，他回过头说，"明天汇报，我有点担心你的普通话，总理能否听得懂……"

"这，我心头有数。"彭士禄说，"总理多次到过广东，还在那里生活过一段时间，他肯定能听懂。不过，我和昝云龙商量好了，如果总理听不懂，就由昝云龙代替我。"

"这样好，有备无患。"

1970年7月15日，即核反应堆启堆的前3天，周恩来总理在百忙之中，在人民大会堂福建厅主持召开了中央专委会议，专门听取陆上核反应堆运行试验报告。彭士禄、陈右铭、昝云龙、王汉亭等人走进大厅时，国防工办、海军机关的领导已经到场。他们刚刚坐定，周总理便和叶剑英、聂荣臻等人稳步走进了大厅。

彭士禄好长时间没见到总理了。这次他见到总理，发现总理面目清癯，满脸疲惫，眼睛布满红丝，明显地消瘦和苍老了。他心里不由得掠过几分酸楚，同时深深为总理的健康担心。彭士禄知道，此时还处于动荡时期，面对全国上下混乱不堪的局面，日理万机的总理为力挽狂澜，工作起来简直没日没夜，有时一天只能睡一两个小时。彭士禄听说，护士在给总理打针时，常常偷偷地抹眼泪！

可是，就在这种困境中，周总理对核潜艇工程和核反应堆的关心依然细致入微。

彭士禄记得，上一次总理在听取陆上模式堆的情况汇报时，他问到试验还请了别的专家参加没有？二机部的同志回答，原来想请一些专家去，但担心有人说是"专家路线"时,所以没有请。一向温和沉稳的总理,一听此话,马上批评道:"什么专家路线!资产阶级有资产阶级的专家,无产阶级有无产阶级的专家!"这在当时,对核反应堆研制是多么有力的支持啊![1]

还有一次,当彭士禄汇报个别配套单位的产品有瑕疵时,总理聚精会神听他汇报,不时还用笔做着记录。

因为当时报纸上成篇累牍地宣传"工人阶级领导一切",打倒"反动学术权威",过去许多行之有效的规章制度,不但被废除,还被说成是资产阶级的条条框框;按规定由技术专家审查图纸、签署技术文件,被说成是"助长反动技术权威嚣张气焰";把检验人员按科学程序检验产品,说成是对工人的"管、卡、压"——因而,个别工厂的产品无人敢检验,图纸资料无人敢签字。如此一来,给核动力装置这样风险极大的尖端工程造成了一定的安全隐患。

六机部有关负责同志向周总理汇报工作讲到规章制度被冲掉时,周总理指示说:"毛主席讲的是改革不合理的规章制度,合理的规章制度还要坚持,规章制度合不合理要经过试验,不能谁说不合理就不执行,要把必要的规章制度建立健全起来。"[2]

而今,周总理又亲自来审议决定核反应堆启堆的事情。

"彭士禄来了没有?"周总理走进大厅,刚一坐下就问道。

彭士禄立即站起来,恭恭敬敬地回答道:"在!"

周总理用慈祥的目光看了看他,微笑着点了点头。

"人都到齐了吧?"周总理回头,环视了一下会场,"好,会议开始吧。"[3]

---

[1] 《回顾与展望》编辑委员会. 回顾与展望——新中国的国防科技工业 [M]. 北京:国防工业出版社,1989:141.

[2] 《回顾与展望》编辑委员会. 回顾与展望——新中国的国防科技工业 [M]. 北京:国防工业出版社,1989:141.

[3] 杨连新. 见证中国核潜艇 [M]. 北京:海洋出版社,2013:67.

接着，工作汇报开始了。

工作汇报由彭士禄和昝云龙负责。他们按照提纲，主要汇报了三方面的内容：一是核潜艇陆上模式堆装置的功能和意义、设备系统的组成和流程、主要设备的空间布置；二是已完成的技术设计、设备制造、建筑安装施工工程，以及装填核燃料之前设备性能检验和调试；三是下一步装入核燃料后的主要试验项目、目的、意义、阶段划分、关键环节，以及现在预设的进度目标。

周总理深知这项试验非同小可，他聚精会神地听着彭士禄他们的情况汇报，除了在本上记录要点，还不时非常详细、认真地询问着每一个细微的环节。从反应堆的设计、设备的生产、安装、调试，到燃料元件、压力壳试验、蒸汽发生器、主机的运转、安全棒的可靠程度，以及试验时的安全预案等，问得详细而又透彻，并及时简明扼要、科学客观地作出了许多具体指示。

例如，周总理指示道：在海里核潜艇的废水和排烟怎么办？最好不要使海洋环境受到影响。美国有个湖，搞得很脏。日本海边也是如此，工业废水、废气、废渣，都图方便往海里倒，结果海里鱼都死了，要到远海才能打渔。美国有个城市，解决了火车排烟的问题，但没有解决汽车排烟的问题，还是搞得满城烟气。我们应该综合利用这些废物，进行回收。这个问题各个部都应很好地考虑啊！没有考虑这个问题的项目就不批准设计。我们把煤炭、石油、化工三个部合在一起叫燃料化学工业部，就是为了要很好地搞综合利用。[1]

彭士禄和昝云龙汇报完提纲相关内容，时间已近下午6点半。

当天的会就到这里，周总理要求第二天上午继续汇报。[2]

---

[1] 中共中央文献研究室. 周恩来文化文选 [M]. 北京：中央文献出版社，1998：655.
[2] 彭子强. 奇鲸神龙——中国核潜艇纪实 [M]. 北京：中共中央党校出版社，1995：192.

启堆面临三种可能

7月16日，依然是个晴天。

上午9点之前，参加会议的同志已准时到会。这次会议，增加了工业部门的几位负责同志。

这次核反应堆启堆是我国第一次进行这样的试验，事关重大。

彭士禄他们向周总理请示，希望能在毛主席为我国核潜艇研制工作作出批示的7月18日那一天，启动反应堆提升功率。周总理认真思考后，指示道："无论如何我们应该吸取经验教训，要后来居上。现在预订，争取7月18日启动反应堆提升功率，但不要赶。要像你们所说的，安全可靠，万无一失。要以搞好为准，搞不好就不一定要在7月18日启堆提升功率。"

周总理同时严肃地指出："科学实验与革命一样，要有步骤，要积极、稳妥。首先要有敢想、敢干的精神，当然，具体工作上也要做好。"

接着，陈右铭汇报，试验结果有三种可能：第一种可能像有些人讲的，搞得不好会爆炸；第二种可能是基本成功，但问题不少，如漏气、漏水，不可靠、故障多，有的技术指标达不到设计标准等；第三种可能是都成功，没有什么问题。第一种可能，根据专家分析，不会发生核爆炸，但我们要把工作做好，力争不发生任何爆炸；第三种可能，我们认为发生概率很小；第二种可能的发生概率最大。我们努力把工作做好，发生的问题少一些，试验后再根据情况进一步改进提高，力争把装艇设备搞得好一些。

听完陈右铭试验结果的三种可能，周总理停住手中的笔，略微沉思一下——是啊，关于核反应堆会不会爆炸的争论，他早就听说过，也指示有关专家搜集国内外的相关资料，进行了多次技术论证，多数人认为不会发生这样的情况。虽然不会爆炸，但世界上核反应堆的试验和运行，不是没有发生过事故啊，而且有的是极其恐怖的事故。中国人毕竟是第一次搞核反应堆，对它的了解还不透彻，因而人们心头始终有道阴影缠绕，让人有些提心吊胆——必须消除人们心中的这道阴影！

"试验可能出现的三种情况，我都清楚了。"周总理目光坚定地扫视了大家一遍，指出："反应堆开始联动，要注意测试数据，慢一些、细一些。后期功率高，时间长。只要开始试成，就继续试下去，不要一开始试成就满足，到处报喜，要最后试成才行。你们这是长期使用的，也是为核电站奠定基础的，航空母舰上也要用。核燃料生产得多了就可以搞。成功了你们的功就更大了。今天算是个样板，样板不要独此一家，成功了还可以供别处学习。先承认你们是个样板，是核动力的起点，将来还可以缩小体积，做得更好，不要知足，知足就是保守。第一，启堆提升功率，完全试成了，是你们的成绩。第二，还要有各种设想，有各种设计。要扎扎实实地试验，试成了下水，还要长期可靠运行，运行中一定还会遇到问题，还要改进。"

周总理的话，句句都讲到了大家的心坎上。

在讨论发言时，周总理察觉到有的同志在谈吐中不自觉地流露出自满的情绪，他意味深长地说道："你们总爱说满足的话，我们不爱听。要想一想意外的事情。"大家明白，做工作要有步骤，要积极稳妥。当然，首先要有敢想敢干的革命精神，但具体工作要做好。

"即使启堆提升功率试验失败了，我也不责备你们。"周总理说，"只要很好地总结经验教训，再搞第二个，终究可以搞成功。"

待大家讨论发言完毕后，周总理指出：现在要求你们要作好各种预想，要考虑周到。首先要保持旺盛的革命干劲，这是第一；第二要把各方面的积极因素调动起来，要搞三结合，要做各种设想，考虑各种可能，成功了可以搞核电站，还有航空母舰。[1]

周总理最后再一次强调模式堆的试验要"充分准备，一丝不苟，万无

---

[1] 中共中央文献研究室. 周恩来文化文选 [M]. 北京：中央文献出版社，1998：655-657.

一失，一次成功"[1]。以后这句话成为核潜艇研制建造和使用中的一句常用警句。

啊，这就是我们的周总理！他对科学试验是多么在行，对科技人员是多么理解呀！作为技术总负责人的彭士禄，听了周总理的这番话，他心里涌起阵阵温暖，眼睛有些潮湿起来。

周总理专机送他们回川

周总理不仅主持会议做出启堆试验的各项重大决策，还亲自派专机把有关人员送回基地。

"好，今天的会议就开到这里吧，同志们回去后，按照会议做出的决定，认真加以落实。"周总理扭头关切地问彭士禄，"你们回四川的机票订好了吗？"

"我们不知道今天会议开到什么时候，还没来得及订票。"彭士禄回答。

"那，派我的飞机送你们回去吧。"周总理说完，又问彭士禄和陈右铭等人，"把你们从这儿直接送到机场，不回家了，行不行？"

"行！"

"好，那就马上去坐我的专机。"周总理笑着说道，"过去我们革命哪有家呀！走到哪里，哪里就是家！"说完，他亲自打电话询问天气情况，并布置飞机到四川后的具体安排。

就要离开周总理了，彭士禄心里有些依依不舍。

离开会场时，周总理把彭士禄叫到一边，紧紧地握住他的手，满怀深情地说道，"彭士禄，无论什么时候，无论走到哪里，你都要记住你是海丰人，

---

[1] 中共中央文献研究室. 周恩来年谱（1949—1976）：下卷 [M]. 北京：中央文献出版社，1997：379.

你是彭湃的儿子,永远不要改名换姓!"[1]

彭士禄当然懂得周总理的良苦用心。总理要他记住自己是海丰人,因为那里是一块红色革命的土地,诞生了中国第一个苏维埃政权;总理要他记住自己是彭湃的儿子,因为彭湃是信仰坚定的共产党人,是党内公认、人民景仰的革命先烈;总理要他永远不要改名换姓,因为他在血雨腥风的童年和少年,已经改过了无数的名和姓啊!作为海丰人,他应该感到自豪;作为彭湃的儿子,他应该感到骄傲!一定要毫不动摇地继承父辈的遗志,将他们流血牺牲开创的革命事业进行到底!

"我记住了,总理……"彭士禄含泪坚定地回答,"我一定会把这次试验搞好,请总理放心!"

周总理对他讲的这些话,对于他是多大的抚慰,给了他多大的温暖啊!

彭士禄一行人在成都下了飞机,刚回到核动力基地,就接到国防科委副主任罗舜初打来的电话。他说,周总理刚才又打电话问彭士禄他们到了基地没有,有什么消息要随时报告,启堆时间确定后,要马上向周总理报告;启堆后,电话线路必须保持畅通,周总理已通知电话局和军区注意。

启堆时间最终确定后,周总理反复嘱咐:"不要急,要仔细工作,把工作做好为原则。"[2]

万事俱备,启堆的时间确定在 1970 年 7 月 18 日这一天。

从北京的中央领导到核动力基地的参试人员,都抑制住紧张的心情,把目光投向了西南那条山沟的试验大厅,在中国土地上第一次出现的核动力模式堆,能够保证一次启堆成功,万无一失吗?

等待。

人们都静静地等待着那惊心动魄的一刻的到来。

---

1 彭子强. 奇鲸神龙——中国核潜艇纪实 [M]. 北京: 中共中央党校出版社, 1995: 195.
2 杨连新. 见证中国核潜艇 [M]. 北京: 海洋出版社, 2013: 67.

第二章　横空出世向大海

一场惊心动魄的试验

人类的科学探险，能够一帆风顺取得成功，不付出任何代价的，恐怕绝无仅有。

在世界科技史上，无论是昨天还是今天，由于试验失败而造成的巨大灾难，人们都记忆犹新，每每想起便不寒而栗！

1960年，苏联拜科努尔航天发射场向夏威夷南1000公里的海域发射洲际运载火箭，火箭点火后未脱离发射台就发生了猛烈爆炸，在现场督阵的苏联国防部副部长、火箭部队司令涅杰林元帅，以及几十名将校级火箭专家当场被炸死。此外，还有众多技术人员丧生，现场所有生物荡然无存。

1967年，美国拟参加"阿波罗1号"宇宙飞船上天的3名宇航员，因飞船发射前的地面模拟试验中发生火灾而丧生，整个飞船被烧为一堆废金属。

1986年，美国"挑战者"号航天飞机起飞后，旋即爆炸，7名乘员全部丧生，其中包括第一位上太空的女教师。事故后，美国的空间计划受到重大挫折并暂停航天飞机项目。

同年，苏联切尔诺贝利的一座核反应堆发生爆炸，随后堆芯起火，大量致命的放射性物质泄漏，首先影响了周边的乌克兰地区，进而扩散至当时苏联和欧洲广大地区。

既然科技最发达的美国和苏联都事故频发，在技术、人才和工业基础还较为薄弱的中国，完全由中国人自己设计建造的核反应堆，能保证一次成功、万无一失吗？

这是一场惊心动魄的试验！

启堆时间确定在1970年7月18日18时0分开始。

难忘的时刻！

这一天，整个核动力基地气氛庄严而肃穆，全体参试人员的心都提到了嗓子眼。彭士禄坐在指挥大厅里，尽管内心波涛汹涌，但神情是极其镇定自若的，没有流露出一丝不安的情绪——作为这项工程的技术总负责人，他知道在这个非常的时刻，自己的一举一动必须要给全体参试人员以强烈的自信心，不能因为自己的情绪对他们有丝毫的影响。

"10、9、8、7……启堆！"

难忘的时刻，指挥长何谦镇定而清晰地发出了启堆指令。随着指令，电闸瞬间合上，反应堆终于启堆！彭士禄坐在总控制室里，熬得通红的眼睛死死盯住仪表。整个控制室里，大家的表情都很严肃。时间一分一秒地过去，核反应堆功率也在一点一点地提升。"嘀嗒、嘀嗒"，除了墙上那个电子钟指针在一下一下地跳动，整个大厅静得连落下一根针也能听见。此刻，这种难得的静谧，让人有些喘不过气来，电子钟那微小的声音，竟然像鼓槌一样敲在人们的心上。

一排排红红绿绿的信号灯在不断地闪烁，一个个指针和仪表在微微跳跃。在场的领导和参试人员，都瞪大眼睛，全神贯注地观察着仪表上每一丝细微的变化；操作人员，紧张而仔细地记录着各种试验数据；巡检人员，围着反应堆紧张地巡视着。

同一时刻，北京中南海总理办公室里的灯光彻夜亮着。从18日18时开始，周总理披着衣服，通宵达旦地关注着核反应堆的启动情况，每隔一段时间就打电话询问远在几千里外的试验情况。试验现场的每一点信息，也随时通过国防科委报告到周总理那里。[1]

夜深了。正准备再加大提升功率时，巡检的工作人员向彭士禄报告：发现一台测量反应堆的仪表脉冲管漏水！彭士禄当即赶到现场，仔细查看了一下，马上向陈右铭请示，建议停堆检修。陈右铭同意后，他立刻将此情况告诉了国防科委值班的领导，要他马上报告罗舜初副主任和周总理。

此时已是凌晨，周总理接到报告后，再次明确指示："加强现场检查，越是试验阶段，必须全力以赴，丝毫不苟，才能符合要求，才能取得全部参数！"[2]

为了中国的核反应堆试验成功，周总理夙夜不懈、不辞辛劳，他严谨、细致的工作作风，令在场的每一位同志深受鼓舞，备受感动。是啊，新中国的每一项重大成就，无论是原子弹和氢弹，还是人造卫星和核潜艇，都和周恩来这个名字紧紧地联系在一起！

陈右铭接到罗舜初副主任传达的周总理指示后，他马上意识到周总理误以为是核动力装置漏水，他深感内疚地对罗舜初解释道："刚才报告没说清楚，漏水是测量仪表脉冲管密封不好造成的，不是核动力装置本身的问题，请您赶快向总理说清楚，免得总理担心。"

参试人员很快修好了脉冲管。经过仔细检查后，7月23日，又开始启堆功率提升试验。

试验现场，主辅机舱内蒸汽和油烟弥漫；蒸汽管道中灼热的气流在高速流转；离合器宽大的轮盘在高速转动，越转越快、越转越快……

好磅礴的气势！

好宏伟的景观！

重新启堆这天，当彭士禄知道周总理依然通宵未眠，到天快亮时再次给他们发来指示时，他的泪水一下就充盈了眼眶。他向国防科委值班领导报告

---

[1] 杨连新. 见证中国核潜艇 [M]. 北京：海洋出版社，2013：68.
[2] 杨连新. 见证中国核潜艇 [M]. 北京：海洋出版社，2013：68.

完升温升压的情况后，恳请他们转告周总理：故障已经全部排除，试验已在正常进行，请总理放心，请总理一定马上休息——毕竟，他已是 70 多岁的老人了！

风雨过后是彩虹

时值盛夏，天下着雨，淅淅沥沥的雨点，仿佛在敲打着人们的心扉；山野中飘浮着淡淡的雾霭，将远山涂抹得一片迷蒙。时间一天天过去，试验依然在谨慎而又紧张地进行。

7 月 25 日，启堆试验已超过 7 天，运行指标基本正常，彭士禄决定：核动力装置脱开基地电网，由核动力装置自身的发电机供电！

"报告彭总，反应堆运转正常！"

"报告，发电机运行正常！"

"外来电源断掉！"彭士禄果断下令，"合上反应堆电闸！"

啊，一瞬间，核动力装置自身的发电机发出了第一度核电，输出的电能将灯泡点亮，把整个大厅照得如同白昼！

"我们终于实现原子能发电了！"在场的所有人拼命鼓掌、欢呼雀跃！消息迅速传遍基地，传到北京，周总理、国防科委和海军机关都来电表示祝贺！

这是我国首次用核能发电。

经过彭士禄他们的艰难探索，终于揭开了核能转化为电能的神秘面纱，闯进了核能神圣的殿堂，这对中国人来说，其成功的意义，不亚于原子弹和氢弹爆炸成功！

按照原定的方案，反应堆继续升压升温——但在连续试验过程中，正如陈右铭汇报时所讲的"第二种可能"那样：试验基本成功，但有问题，如漏气、漏水，有的技术指标达不到设计标准等。

"报告彭总，仪表上出现了停堆信号！"试验又过了几天，值班员又紧急向彭士禄报告。

"操作人员并没有发出停堆信号，为什么反应堆却自动停堆呢？若是控制装置失灵，就不妙了。"彭士禄想到这里，心里一紧，"走，我们去看看！"

彭士禄将反应堆巡视了一遍，又仔细看了看控制仪表，思忖了一下，突然明白过来：哦，肯定是设计人员为了安全起见，设的警戒点太多，搞的停堆信号也太多，致使稍有风吹草动，设备就会发出停堆信号！这种层层设防、步步设岗的做法，不但达不到安全的目的，反而困住了自己，更不能很好地实施控制，正所谓"矫枉过正、过犹不及"也！

"把停堆信号灯切掉几个！"彭士禄和赵仁恺等人论证分析了一下，并报告指挥员后，采取了一个大胆而果断的措施，把多余的几个停堆信号灯拆除了！后来在实际应用中证明，这样做使反应堆更安全，运行更可靠。

疑点排除了，反应堆继续运行。

"彭总，一回路主管压力显示超过设计压力，要不要停堆检查？"值班员又向他报告。

彭士禄一看，管道压力表显示的数值，竟然超过原设计值数倍，这太可怕了！主管道倘若承受不了这么高的压力而发生破裂，有放射性的一回路水泄露出来，后果将不堪设想，怎么办？有的参试人员很紧张，主张立即停堆检查。

停堆？这倒容易，然而要重新启堆就难了，仅从时间上讲，也需要好长时间才能重新启动。遇到一点问题就风声鹤唳、半途而废，试验还怎么进行？这回，"彭大胆"又显露出胆大的秉性来，他仔细分析了一下，认定这个压力数据不真实，从理论上讲不可能出现。

"先不要停堆，查一查测量的应变片再做决定。"彭士禄说。

此时，彭士禄根据温度压力数据显示正常，迅速作出判断，可能是测量数据的应变片有问题。他同值班员一起去检查，马上就证明他的判断是正确的，果然是检测设备的应变片测量的数据发生误差，而不是主管道有问题。

又排除了一道障碍，反应堆继续运行。

不知闯过了多少道难关，熬过了多少个提心吊胆的日日夜夜，反应堆每向上提升一点功率，每处理一项试验中出现的问题，都是对彭士禄这个总设计师信念和意志的严酷考验。

时钟"滴滴答答"地走着，时间一分一秒地过去。

终于，8月30日18时30分，指挥长何谦噙着热泪、声音发颤地向全体参试人员宣布："主机达到满功率转数，相应的反应堆功率已经达99%，试验取得圆满成功！"

"我们成功了！我们成功了！！"

紧张地从事试验的人们，屏声静气地听指挥长何谦宣布完试验结果后，顿时欢呼跳跃，泪湿衣襟——记住吧，难忘的1970年8月30日这一天，由中国人自行设计、自行建造、没有用外国一颗螺丝的核潜艇反应堆试制成功！彭士禄和他的战友们，开创了中国核能利用的一个新的纪元，这次历史性的启堆试验，创造了共和国综合利用核能的一段辉煌的历史！

啊，就在指挥长何谦宣布启堆试验取得成功时，缠绵的山雨竟然奇迹般地停了，阳光从窗外投射进来，整个大厅变得更加明亮。人们推窗远眺，雨后的彩虹是那么绚丽，晚霞是那么耀眼，群山是那么俊美，青衣江是那么清澈！没有鲜花，没有庆典，也没有电视台、电台的现场直播，只有人们忘情的欢呼和鞭炮声响，挤满了整个试验大厅，又从大厅里漫溢而出，传遍了整个基地，继而越过崇山峻岭，飞向成都，飞向北京，响彻整个神州大地！

此刻，彭士禄却没有加入忘情欢呼的队伍中，他只是沉重地合上眼帘，一下坐在了凳子上，头靠着椅背，用颤抖的手摸出一支香烟，颤抖着点上火，一口气把烟吸了大半截，然后将烟气长长地吐了出去。随即，他面带欣慰的笑容，竟然呼呼地睡着了——他，已经五天五夜没有合眼了。

这一年，彭士禄刚满 45 岁。

此后，陆上模式堆在系泊试验、航行试验时，经过十几个阶段、600 多天各种工作状况运行，结果表明：核动力装置的总体设计是成功的；各种设备的布局安装是合理的，运行是安全稳定的，设备的极限参数大多还有一定的裕量；主要技术性能基本达到或超过原定指标，反应堆超过原定全功率工作期的 68%；在结构、设计、材质和制造工艺方面暴露出来的问题，经过改进得到完善，为一次性顺利装艇、潜艇安全航行创造了极好的条件。

实践证明，采用彭士禄提出的先建陆上模式堆，试验成功后再装艇的方案是完全正确的。一是验证了核动力装置的设计、总体布置和设备安装，为核潜艇和核动力装置设计提供了可靠数据；二是对系统、设备暴露出的 200 多项问题，作了改进完善，为核动力装置定型提供了可靠的依据；三是通过物理、热工、控制、仪表、屏蔽、振动、噪音等 500 余项次试验，中国人基本摸清了核动力装置的性能；四是培训了 1100 多名核动力装置操纵、运行、管理、安装、调试和维修技术人员，为压水堆的发展储备了坚实的技术力量。

"他具有常人所没有的智慧和悟性、坚韧和顽强、胆大而心细。"陈右铭如此评价彭士禄，"他是中国核动力事业的一头拓荒牛！"

发起总攻前那一刻

汹涌的海涛，不断拍击着岸边的礁石，溅起飞腾的浪花，发出震耳欲聋的声响；遥远的海平面上，在大海中沐浴一新的太阳，正从波峰浪尖上跃起——啊，新的一天又开始了。

1970 年 12 月 26 日，这是中国海军发展史上值得纪念的日子。

按中央专委确定的"试验艇就是战斗艇"的方针，核潜艇模式堆在陆上研发成功后，另一套核动力装置开始在北方某核潜艇生产基地组装。这个基地位于渤海湾的一个半岛上，背靠荒山，面朝大海。由于核动力装置在装艇前已先行了一步，所有问题都在陆上试验中得到了解决，为顺利装艇创造了条件。11月初，彭士禄和同志们来到这里后，就立即投入紧张的核动力装置安装调试工作之中。

北风凛冽，草黄山瘦，岛上的候鸟都飞到南方去了。天气阴冷，但工地上依然是一片热火朝天的景象——经过上万人十多年卧薪尝胆、艰苦卓绝的努力，现在万事俱备，核潜艇今天终于要下水了！

中国第一艘核潜艇下水，当然是千载难逢的大事。

这日无风，是个冬日里难得的好天气。

旗帜、标语、彩花、彩带，装点着整个工厂，汇聚成了一个欢乐的海洋。油漆一新的核潜艇，正威武雄壮地横卧在数百米长的大跨车间里。它的艇艏上，悬挂着一个硕大的红气球，从艇艏到艇艉都挂满各色的彩旗和飘带，打扮得就像一个待嫁的新娘，马上就要离开孕育她的"娘家"，驶向湛蓝的大海了。

彭士禄今天起得很早。当天边晨曦初现时，作为核潜艇工程的副总工程师，他踏着黎明的晨光，向大跨车间走去。他和所有参加潜艇下水典礼的人一样，既激动兴奋，又难免有点忐忑担心。

虽然早在半年前，工厂就开始制订核潜艇下水方案，但我们毕竟是第一次建造核潜艇，第一次将这样的庞然大物移动下水，完全没有经验。"智者千虑，终有一失"，即使方案再完善，也难免会有考虑不周全的地方，在实际运作中，总害怕出现意想不到的问题。

有人以为，船体下水是件很简单的事儿，只要主持下水仪式的人一声令下，挥动斧头，砍断系在船头的缆绳，船体就会沿着船台轨道，缓缓滑到船坞里去，然后就完事大吉。但真正的大船下水，比我们看到的要紧张复杂得多。由于意外情况，世界上发生下水时船体倾斜，甚至倾覆事故的也不乏其例，更何况是核潜艇下水了。

核潜艇艇体浑圆，重达几千吨、长百余米，要把它从陆地的车间搬运到海里，绝非易事，它远比一艘轮船下水复杂惊险得多。为此，厂里专门为这个庞然大物建造了下水船坞。工厂设计的方案是：先把核潜艇举起来，将艇体从大跨车间拖移到外面的船台，再从船台移到船坞的浮箱上，然后再把浮箱承载的核潜艇横移到船坞里漂浮起来，最后再到海里。

为了保证移动核潜艇的几十台地滚车听从指挥，步调一致，指挥部不但专门挑选了 200 名精兵强将组成了突击队，还对这些人员进行了一个多月的反复训练和演练。

彭士禄来到大跨车间时，天刚放亮，谁知这里早就人头攒动。由技术人员和工人组成的突击队，早在凌晨 4 点就在这里集结，正在做着核潜艇下水前的准备工作。

"啊，老彭，你怎么来得这么早呀？"现场总指挥王荣生见到彭士禄，高兴地和他打着招呼。

"唉，哪里睡得着呀！"彭士禄今天特地刮了胡须，换上一身干净的工作服。他握住王荣生的手，感慨道，"多少个日夜啊！大家连魂都附在潜艇上了，现在终于盼到了它下水，谁也睡不着呀！"

"是啊，面临这么大的事情，要睡也睡不着呀！"王荣生也感叹道。

随后，彭士禄和王荣生沿着大跨车间又巡视检查了一遍。在突击队员各就各位之后，偌大的车间倏地一下就静了下来，整个气氛显得庄严而肃穆。这情形，真有点像战场上要发起总攻前的那一刻。

大海拥抱钢铁巨鲸

"叮叮……"上午 8 时，指挥台的电话铃响起。

"各战位注意了！"王荣生简洁地向总指挥部报告了现场情况后，放下电话，他对着麦克风声音洪亮地下达着指令，"下水时间已到，接总指挥部命令，现在大家各就各位，下水开始！"

随着指令声，巨大的艇体被平稳地托了起来，几十辆小车上的千斤顶组成的一个长条方阵，牢牢地擎住这条硕大无朋的蓝色巨鲸。

彭士禄站在指挥台上，看见这宏大而惊险的场面，他的精神一下就振奋起来，多日来的疲惫一扫而光，他全神贯注地注视着即将下水的中国首艘核潜艇，生怕有半点不测。他知道，核潜艇这样的下水方式，是船厂因陋就简的一个土办法，这样的下水方式，恐怕全世界也绝无仅有。

算起来，从聂荣臻元帅1958年向中央打核潜艇研制报告起，到现在已经整整12年了。彭士禄刚从苏联回来，就开始承担核动力研制任务。从那时起，他时时都处在沉重的压力之下；在这几千个日日夜夜里，他心里的那根弦，始终都处于紧绷的状态。特别是核反应堆试验期间，他更是不敢有丝毫的懈怠。"说我一点不担心，那是假的。我们毕竟是第一次搞那玩意儿，真有点盲人摸象的味道呀！你想，科技那么发达的西方搞这东西，他们也不敢说有百分之百的把握——不知你看前几天的新闻没有？美国人的核潜艇在大西洋海底，又差点出了大事故！"

经过千辛万苦的艰难跋涉，如今终于看见了黎明的曙光，中国第一艘攻击型核潜艇，今天终于要下水了！

可即使到了这个时候，彭士禄心里也并不轻松。来到荒岛的这些日子，他夜以继日地扑在核潜艇安装调试现场，没有一刻清闲。作为核潜艇工程副总工程师，除了核动力装置，工程其他系统的大小事情，好多都要由他来最后拍板——因为这时实际上没有总工程师，整个工程上的事都要他管，他仍然是"副"的，还是老原因：级别不够。虽然直到1979年，他才被正式任命为核潜艇第一任总设计师，但此时，他实际上已是总设计师了。

此前的1969年，彭士禄还在沈阳主持了一个技术会议，处理这个厂动力系统主泵样机的问题。原来，这个厂按照图纸研制的这个主泵样机，经过试验后，要用一个外壳保护起来。如果照图纸和技术规范，这个壳体外表有点瑕疵，军代表怕担责任，拒绝发放出厂"通行证"。但厂方认为他们已尽了最大努力，发挥了最高水平，这点外壳上的瑕疵，根本不影响产品的质量。为此，军方和厂方争执不休。然而，马上就要进行工程安装了，主泵却不让出厂，急得厂方像热锅上的蚂蚁。但主泵是高压水泵，要承受高压高温，对于核潜艇这样顶级的军工产品，在质量上绝不能有丝毫的马虎呀！没办法，他们只好请总设计师来定夺了。

"彭总，这东西能不能出厂，您发个话！"

"彭总，这件事我们都听您的，您最后来作个裁决，免得耽误时间。"

军方和厂方的人都把期盼的目光投向彭士禄，希望他来拍板。彭士禄耐心听完双方的理由，又仔细查看产品。他马上明白了其中的症结：这主泵反映出的问题，跟核反应堆的情形差不多，由于这是国家绝密工程，技术人员如履薄冰，怕出问题，所以技术指标、保险系数是一再加码，所以造成目前这样的窘况。彭士禄思忖一下，果断拍板："重新研制一个新泵，已经来不及了。将主泵外壳的裂纹铲除，补焊、打磨，然后出厂！"

"那，谁来签字出厂呢？"

"我来签，出了问题我负责！"彭士禄干脆地回答。

就这样，彭士禄把这家军工厂费尽千辛万苦研制出来的产品，一下就救活了。在后来的实际应用中，这个主泵工况良好，没出一点问题。

"全体注意了，前进！"突然，现场总指挥发出的指令，把彭士禄从短暂的沉思中惊醒过来。

随着总指挥的号令，船体开始缓慢移动——突然，有人报告，有一小段铁轨被压断。王荣生扫了一眼重量曲线，见最重的一段船体尚未通过，他立即下令"停下"！按照预案，抢修班的人立即冲了上去，铁轨随即被修复。

"报告指挥员，铁轨修复，一切正常！"

"继续前进！"总指挥继续发出指令。

艇体继续向船台伸出，越来越长。1米、2米、3米……艇体缓慢而坚定地向前移去。3个小时过去了，一共才前进了100米。这情形，真是小心翼翼，如履薄冰啊！

终于，艇体被移到了船台上。天公作美，当核潜艇离开大跨车间，来到船台时，阴沉了多日的天空，突然从厚厚的云层里透出一缕灿烂的阳光来，阳光照在蓝色艇体上，使核潜艇显得更加威猛雄奇。

震耳欲聋的锣鼓声响起来了，欢乐清脆的鞭炮声响起来了，军乐队同时奏起了雄壮的国歌。随着国歌那雄浑动人的旋律，现场所有人都热血沸腾起来，有的人还跟着唱起来：

起来，不愿做奴隶的人们！
把我们的血肉，铸成我们新的长城！
中华民族到了最危险的时候，
每个人被迫着发出最后的吼声。
……

在这难忘的时刻，整个海岛的人几乎都聚集到了这里。山坡上、台阶上、围墙上、吊车上……成千上万的人都激动而兴奋地注视着这条横空出世、前所未见的蓝色巨鲸，欢呼着，雀跃着，惊叹着。

终于，艇体被平稳地移到了船坞的浮箱上。

一个个巨大的浮箱灌满了海水，核潜艇与之保持着绝对的稳定。经过突击队人员一番努力，最后艇体与浮箱彻底脱钩，一下浮在了水面上！

"核潜艇浮起来了！"艇体在与浮箱脱离后，慢慢被推向了大海。整个现场，锣鼓声、鞭炮声、军乐声、欢呼声、鼓掌声……连成一片，这如浪如潮惊天动地的声响，惊得远近的海鸟腾空而起，盘旋在天空中，睁大眼睛，注视着这个非同寻常的场面。

核潜艇下水成功了!

放眼远眺,前面就是浩瀚无垠的大海——大海在深情地召唤着中国第一艘核潜艇,它将从浅海无畏地奔向大洋!

彭士禄目送着核潜艇进入大海,在人们的欢呼声中,他眼睛渐渐有些潮湿了,疲惫的脸上露出欣慰的笑容,这些日子来悬着的一颗心终于落了下来。

核潜艇成功下水的消息传到北京,整个北京也欢腾起来。国务院和中央军委发来贺电,祝贺核潜艇研制取得决定性的胜利,并表彰嘉奖在核潜艇研制中做出贡献的全体有功人员。

然而,这对核潜艇的组织者、设计者和建造者们来说,他们在为第一个战役取得胜利激动和欣慰之余,还不敢有丝毫的大意和懈怠,因为他们知道,更为严峻的考验还在等待着他们——这就是系泊试验、航行试验、深潜试验、武器发射试验等。

第一代核潜艇深潜试验成功后,四位总设计师合影
(左起:赵仁恺、彭士禄、黄纬禄、黄旭华)

他差点命丧工地

这是一个初秋的早晨。

山上的苞谷抽穗了，刺梨、桑葚开始挂果了。

就是这个初秋的早晨，彭士禄差点在这工地上丧命。

其实，这段时间，彭士禄生病已经很久了。近几个月，他都在咬牙坚持工作。在那些没日没夜艰苦繁忙的日子里，他幼年在国民党阴暗潮湿的牢房中、在当乞丐流浪乞讨的日子里、在战争年代风餐露宿岁月中落下的病根，到了这里以后，都先后发作起来，时时都在折磨着他。

"我这个人，从小命贱。一般的小病小灾休想撂倒我。"几个月来，强烈的胃部疼痛，让彭士禄吃不下睡不着。严重时，疼痛甚至折磨得他彻夜难眠，但他咬着牙一声不吭。工作时，他头上时常冒着冷汗，用拳头死死顶住胃部；实在不行了，他避开众人的目光，偷偷在墙角或树丛中吐一通酸水，然后嚼上几片"胃舒平"，回来后又照常工作。

要知道，此时，正是设备现场调试最紧张最关键的时刻呀！

"彭总，您这样硬撑着不行呀！"周围的同志们都劝他，"您还是到医院去好好检查一下吧。"

"老毛病，几十年了，都习惯了。"彭士禄淡淡笑一笑，轻描淡写地回答，"病这东西呀，跟人一样，它是欺软怕硬，你越是迁就它，它就越是欺负你——好了，测试照样进行吧！"

扛了一天又一天，这天早晨，彭士禄终于扛不下去了。一到工作现场，他冷汗直冒，面色惨白。他先用拳头顶着胃部，这个老办法好像也不顶用，继而他又在一旁蹲了下来，剧烈的疼痛使他蜷缩成了一团。

"彭总，您怎么啦、怎么啦？……"工地上的人们一见彭士禄那难受的样子，都赶紧围了上来，把他扶到旁边一张加夜班用的行军床上。

"不要紧、不要紧，大家继续上班，我痛一阵就缓过来了。"彭士禄说着说着，全身冷汗打湿了他的衣裳，嘴角边已有血水渗了出来。

"快、快叫车！马上送他到医院！"现场领导一见这个情形，着急地大叫起来。

"不要大惊小怪，小毛病，过一阵就好了……"大家七手八脚要来抬彭士禄时，他用手背擦了擦嘴角边的血迹，还一副若无其事的样子，叫大家不要因为他影响了工作。

一辆大卡车，急急忙忙把彭士禄送到了工地医务所。

"彭总呀，有人叫你'彭大胆'，你可是名不虚传呀！"工地医务所的张医生检查完彭士禄的病情，一脸焦急地对他说，"您还一副虎死不倒威的样子——我告诉你，你的胃已经穿孔了！"

"是吗？"彭士禄从迷糊中醒来，似乎还不太相信医生的话。

"不但胃穿孔，而且您胃部失血过多，已经贫血了！"医生看彭士禄满不在乎的样子，更有些生气了，"你要知道，胃穿孔可不是小病，弄不好是要死人的呀！你需要马上动手术，我们这里医疗条件实在太差了，把你送到外地，路上又经不起折腾，上级已经紧急派医生过来了！"

"哎呀，肠胃离心脏还有些距离，何必这么兴师动众的呀！"彭士禄面色苍白，嘴唇青紫，却还在埋怨医生不该惊动上级领导。

海军首长收到基地紧急报告后，马上派专机把海军总医院的外科医师和麻醉师火速送到了工地医务所，手术当即就在工地现场进行。这次手术，切除了彭士禄四分之三的胃——可，更叫人万分惊诧的是：在手术时，医生发现他的胃上，竟然还有一个早已穿孔却已经自行愈合的疤痕！

"这个人真是命大，毅力超强！我做了上千例这样的手术，还头一回见过胃穿孔了，不动手术还能自己痊愈的！"海军总医院的医生做完手术下来，对基地的领导感叹地说道。

"彭总呀，你也太马大哈了吧？你什么时候胃都已经穿了个孔，自己还不知道，就这样扛过来了呀！"手术后，彭士禄从麻醉中醒来，张医生来到他病床前，狠狠把他骂了一通，"你若是有个三长两短，我这个医生当不当倒不要紧，可我们这核反应堆，说不定就要再拖好长时间哪！这个责任，你负得起吗！"

"都是我的错、都是我的错……"这回，他倒是态度诚恳，连忙给张医生道歉，承认错误。

手术后第3天，当地发生强烈地震，彭士禄被同志们用担架抬出来，送上飞机回到了北京，在海军总医院住院仅一个月后，他就急急赶回工地上，又投入超负荷的工作中去了。

"彭总，这回胃都切除了大半个，还差点把命都丢了，至少是个胃残疾病人了，往后就该把烟酒都戒了吧？"彭士禄回到工地，他的那些烟朋酒友这样调侃他。

"嘿、嘿嘿……"他轻松笑一笑，不置可否，马上掏出一包从北京带回的香烟发给大家，"以后呢，还是老规矩，烟酒不分家、烟酒不分家！……"

火箭从深海飞向苍穹

1988年9月15日这一天，全国人民期盼已久的我国导弹核潜艇水下发射运载火箭的日子终于到来了。

这天，天气晴朗，金风阵阵，大海显得格外蔚蓝。站在舰桥指挥塔上极目远眺，只见碧水连天，波光潋滟，在海天相接处，数十艘战舰来回穿梭，更给这个场景增添了神秘和庄严感。

当海平面上晨光微露时，导弹核潜艇水下发射运载火箭的试验正式开始。随着汽笛声响，我国新研制的导弹核潜艇缓缓驶离码头。与此同时，远处各个山顶上的雷达站、停泊在海上的"远望"号测量船，硕大的雷达天线都旋转起来，开始进行导弹发射前的测试工作。

核潜艇全速驶向预定海域。

核潜艇到达预定海区。

少顷，按指挥部传来的下潜命令，核潜艇缓缓潜入水中。在核潜艇入水的海面上，几十米高的遥测天线冉冉升起，天线顶端系着醒目的红色标志，没入水中的核潜艇把导弹发射前测得的各种数据，准确地传输到指挥所和测量船上。

万事俱备，只等着那惊心动魄的一刻到来。

这些年来，彭士禄一直是核潜艇核动力装置技术负责人。他们研制的核反应堆试验成功后，随即就被装到了艇上，进行联调联试，状况良好。1970年12月26日，第一艘攻击型核潜艇下水后，系泊试验、航行试验、深潜试验、鱼雷发射试验，相继取得圆满成功，各项战术技术指标都达到世界先进水平！1974年8月1日，这艘核潜艇被命名为"长征一号"，正式列入海军战斗序列。

在担任第一任核潜艇总设计师期间，彭士禄具体指挥了第一代核潜艇的调试和试航工作。对核潜艇研制、生产中的许多重大技术问题，如惯性导航、空气再生、水声、武备、造水装置等进行协调和拍板。为亲身感受核潜艇在水下的航行、操纵、生态、发射等状态，拿到第一手试验数据，他多次随核潜艇官兵下海深潜，解决了不少试验中的问题。他还指导后续艇的研制和生产，并成功组织了达到世界先进水平的高温高压全密封主泵的研制工作。

随着时间的推移，中国核潜艇工程技术越来越成熟，不断进行升级换代。无论是总体建造、核动力装置、导航系统，还是通信系统、空气再生系统、武器系统，都经过严苛的检查试验，达到甚至超过国际先进水平。鱼雷攻击型核潜艇列装海军后，导弹核潜艇随即也研制成功。1988年，对中国核潜艇研制工程来说，是最不寻常的一年。为了鱼雷和导弹两种类型的核潜艇都能迅速在部队形成战斗力，一系列重大的试验都在紧锣密鼓地进行着。

彭士禄（前排右二）在研究所视察

1988年5月25日，继核潜艇自持力长航和深潜试验后，我国接着又进行了鱼雷发射试验。这次试验的目的，主要是检验核潜艇深水发射鱼雷的安全可靠性，考核鱼雷深水跟踪性能和再搜索性能，并为即将开始的核潜艇导弹发射积累经验。

试验结果表明，鱼雷发射装置及其系统工作正常，完全可以满足核潜艇大深度水下发射鱼雷的安全要求；鱼雷的武器系统能满足战术技术精度指标；鱼雷自导系统捕捉目标后，能实现自动跟踪，过靶后的鱼雷具有精准的再搜索性能。

这次鱼雷发射试验取得圆满成功，是继核潜艇90个昼夜自持力长航、300米大深度下潜试验后，取得的又一重大成果，标志着中国第一代鱼雷核潜艇研制取得圆满成功，同时为核潜艇水下发射导弹积累了经验，奠定了较好的技术基础。

今天，将要进行的核潜艇火箭发射，能像鱼雷发射一样取得成功吗？从北京的共和国领袖和将帅们，到现场参加试验的海军官兵和技术专家们，都兴奋而又期盼地等待着这一庄严时刻的到来。

核潜艇成功在水下发射运载火箭，只有少数几个发达国家才能办到，因为它的技术要求非常高，当然其意义也非同寻常——前面说过，衡量一个国家拥有第二次核打击力量，其中核潜艇能够在水下发射运载火箭是最重要的一个标志。

要知道，为了这一天的到来，无数的设计师和建造师，以及研制者们，披星戴月、殚精竭虑，花了十多年的时间和心血啊！

9月15日13点57分。

全体参试人员都睁大眼睛，注视着核潜艇下潜的那片海域，空气似乎也凝固了。突然，随着指挥员短促而果断的口令，静谧的海下猛然传来一声沉闷的巨响！

接着，一枚乳白色的火箭，从大海深处呼啸而出，挟着霹雳闪电，喷着耀眼的火舌，扶摇着飞向浩瀚的苍穹！

刹那间，所有的雷达都紧盯着飞行的火箭，密切地注视着它飞行的姿态和轨道，记录着它的各种飞行数据。火箭准确地射向高空，按照它预定的轨道高速飞行，尔后突然呼啸而下，精确地对准打击目标，准确地溅落在预定海域！

火箭发射成功！

"第二枚发射准备！"参试人员还沉浸在初战告捷的兴奋和喜悦中时，扬声器中，又传来指挥员新的命令。

突然，又是一阵"电闪雷鸣"，还是一枚乳白色的火箭，它冲出海面之后，尾部喷出一道耀眼的火焰，裹挟着几十米高的水柱，再次飞上云端，一瞬间不见踪影，只在蓝天上留下几缕淡淡的白烟……

它辉映着秦时的明月。

它俯瞰着汉代的雄关。

它穿过了甲午的风云。

它冷对着卢沟桥的烽烟！

《人民日报》头版报道：

国防现代化建设的又一重大成果
我核潜艇水下发射运载火箭成功
核潜艇为中国自行研制　火箭准确溅落预定海域

新华社北京 9 月 27 日电　新闻公报

我国从 9 月 14 日开始的向预定海域发射运载火箭试验，今天已全部结束。这次试验的运载火箭是由我国自行研制的核潜艇从水下发射的，火箭准确溅落在预定海域，整个试验获得圆满成功。[1]

泪，欣喜的泪，激动的泪，百感交集的泪，从白发苍苍的老科学家眼睛里涌了出来，从饱经沧桑的将军脸颊上流了下来，从年轻的水兵和工人腮边滚落下来——近万名参试人员肃穆地站立在甲板上、海岸边，庄严地向核潜艇上飘扬的五星红旗和八一军旗行着军礼和注目礼！

随着这声巨响，中国人民严肃而冷静地告诉世界：继美苏英法之后，中国成为世界上第五个拥有核潜艇水下发射运载火箭能力的国家！中国人任人宰割，列强在中国海域恣意妄为的时代结束了；中国的海洋，从此将不再给其他任何国家的军人提供建立功勋的机会！

而今，我们自行研制的核潜艇水下发射运载火箭取得圆满成功——让那些讥诮和嘲讽中国的西方预言家，在豪迈的中国科学家和大国工匠面前，只能闭上傲慢的嘴，收起那套欺世盗名的把戏！

1　我核潜艇水下发射运载火箭成功 [N]. 人民日报, 1988-9-28.

形胜渤海湾，
浩荡无边，
群舰追逐浪花翻。
一代玲珑神工手，
险峰敢攀。

奇鲸龙宫潜，
红火凌烟，
虎啸腾飞破云山。
哪怕狂风激恶浪，
雷震海天。[1]

历史翻开了新的一页。张爱萍将军在闻知我国核潜艇水下发射运载火箭取得成功后，写下了这首令国人振奋、脍炙人口的《浪淘沙·喜潜艇导弹水下发射成功》，表达了他激动与欣喜的心情。

---

1 东方鹤. 张爱萍传 [M]. 北京：人民出版社，2000：1021.

第六篇
中国核电拓荒牛

在常人看来,我是英烈之后,会给人不一样的感觉。但我从没背过这个包袱,更不会以此自居。我只是一个普通党员,只是觉得做任何事情,都一定要对得起老百姓、对得起党。所以我从来都与人无求、与世无争、助人为乐。

第一章　披荆斩棘攀高峰

力排众议求真理

一位著名的军事学家说过:"除非你是百兽之王,否则,你别想占有整个森林。"第二次世界大战虽然结束,但世界并不安宁,特别是美苏两个大国之间,你想称雄,我想争霸,明枪暗箭,磨刀霍霍,谁都想当森林中的"百兽之王"。于是,一场冷战便开始上演——核武器,成为威慑对手的一张"王牌"。

随着一波又一波的军备竞赛,美苏两个超级大国都具有了将对手彻底毁灭的核武器,而且这些核武器已经能将地球毁灭数回。在此情形下,谁也不敢冒天下之大不韪,轻易按下核按钮与对手同归于尽。于是,在这种"战略平衡"下,各国科学家便把注意力转移到了原子能民用上来,想把原子核裂变的巨大能量用于建立核电站等设施,以缓解化石能源短缺带来的危机。

1951年,美国爱达荷州国家试验站核反应堆首次成功实现核能发电,宣告了人类核能时代的到来;1954年,苏联成功建立了世界上第一座向电网供电的核电站,并生产出3套压水堆核动力装置,装到了"列宁"号破冰船上。

此后,各工业国家都在争相发展核电。

在中国,首先倡导把原子能投向民用领域的,是周恩来总理。20世纪50年代中期,周总理就敏锐地意识到:"现在是原子时代,原子能不论用于和平或者用于战争,都必须懂得才行。我们必须要掌握原子能。……原子能如果为和平建设服务，就可以造福人类，如果为战争服务，就是毁灭人类。"[1] 1956年1月，他在中央召开的关于知识分子问题的会议上讲道："科学技术新发展中的最高峰是原子能的利用。原子能给人类提供了无比强大的新的动力源泉，给科学的各个部门开辟了革新的远大前途。"[2]

此时，全民掀起了"大搞原子能"的热潮，我国有关部门、一些省市和大专院校行动起来，研究如何和平利用原子能。但由于人才稀缺、资料匮乏，以及技术储备不足、工业基础薄弱等原因，核电站建设仍停留在纸上谈兵阶段。直到1970年2月，在周总理亲自过问和具体指示下，我国第一座核电站建设才开始列入国家规划。

这就是筹建核电站的工程，这项工程的总设计师是欧阳予。

欧阳予是四川乐山人，1948年毕业于武汉大学工学院电机系，1957年获得苏联莫斯科动力学院博士学位，在二机部设计院任核反应堆工程总工程师。

这天，在荒岛搞核潜艇的彭士禄，应邀到北京参加一个与核动力有关的会议。欧阳予一见彭士禄到会，心中大喜。当天晚上，他带着团队的几个同事，悄悄来到彭士禄的房间。

核能专家欧阳予

"彭总，好久不见，实在太想念您了！"欧阳予一进屋，见彭士禄还在整理白天的会议资料，他热情地招呼道，"没想到，这次会议您亲自来了！"

"哦，是欧阳呀，请坐请坐。"彭士禄抬头，起身问道，"您不是在上海

---

1 中共中央文献研究室. 周恩来文化文选 [M]. 北京：中央文献出版社，1998：532-533.
2 周恩来. 关于知识分子问题的报告 [N]. 人民日报，1956-1-30.

搞核电站吗？"

欧阳予苦笑了一下，无奈地摇了摇头。

"现在你们的核电站方案搞得怎么样了呀？"

"唉，一言难尽！"欧阳予和同事们坐了下来，轻轻地叹了口气，"我们是无事不登三宝殿呀，今天来，是想请您帮个忙。"

"什么事？您尽管讲。"彭士禄豪爽地答道。

原来，在工程刚起步时，最早搞研发的人为了"赶超世界先进水平"，提出了采用熔盐堆方案。1971年年底，欧阳予被任命为核电站总设计师，他带着二机部50多人来到上海支援这个工程。他查阅了能找到的所有国外资料，得知20世纪70年代之后，世界上的核电站几乎都采用的是压水堆方案。这种堆型在实际应用中，技术上已经比较成熟，且安全、可靠。熔盐堆方案则还在理论探索阶段，它的安全性、经济性，以及建造、运行等，都还缺乏足够的理论支撑，也不切合我国实际。

中国核电究竟该走哪条技术路线？采取哪种方案？大家说法不一，各执己见，以致发生激烈争执。欧阳予当时说话分量不足，也怕别人指责他"思想保守"，搞"爬行主义"。但彭士禄就不一样了，他是核潜艇动力装置的总设计师，成功研制出中国第一艘核潜艇，说话有着举足轻重的分量。

欧阳予见彭士禄说话干脆，便将自己的想法和压水堆方案，对他作了详细说明。

"彭总，您是我国核动力的开拓者和实践人，历来都秉持客观公正、实事求是的科学态度。"欧阳予诚恳地说，"我们希望您能出面说句话。"

"我支持您的压水堆方案！"彭士禄略微思忖了一下，对欧阳予坚定地说道，"关于熔盐堆和压水堆，早在我们搞潜艇核动力时，就已经发生过争论，而且是有了结论的呀，这些人怎么又把它翻出来了！"

"那，您能不能抽空到上海去一趟，说服一下有关方面的领导和技术人员？"

"行！我就到上海去放它一炮！"

彭士禄不负重托。他因处理核潜艇后续问题出差刚到上海，核电站工程筹建处主任赵嘉瑞就找到他："彭总，您能不能抽空来听听核电站工程方案的情况汇报呀？"

"好，一定前往！"彭士禄很痛快地回答了他。

这次会上，彭士禄没有先入为主，而是耐心聆听了正反双方选择两种堆型的理由，认真倾听了他们各自陈述的主张。大家发完言后，都把目光聚集到彭士禄这个"裁判员"身上来。

"在中国建设核电站，这对我们来说，还是一个新鲜事物。就连西方国家搞这样的工程，他们也不敢夸海口。"彭士禄冷静地讲道，"周总理要求我们搞方案时，一定实事求是。什么是实事求是呢？两种堆型，其实过去我们就有过争论，而且早就有过结论。中国搞压水堆有基础，我们的核潜艇动力装置就是采用的压水堆嘛。现在我们搞核电站，为什么不利用这个现成的经验和原理，而要去搞什么熔盐堆呢！"

会场上静悄悄的，与会者都屏住呼吸，听着彭士禄的"裁决"。

"所谓的熔盐堆方案，看起来似乎很先进，从实际出发却不可行，这种堆在技术上不成熟，一旦出了问题，堆芯凝固，就再也无法启动，在工程上无法应用。"在学术问题上，彭士禄历来是坚持真理，认理不认人，也不怕得罪什么人。他接着讲道，"压水堆在世界上是已经成功的堆型，我们核潜艇采用的压水堆方案，有着设计、研制和运行的经验。我建议，核电站工程应该利用这个经验！"

最后，彭士禄以不容置疑的口气讲道："我的意见很明确，那就是：放弃熔盐堆方案，采用压水堆方案！"

彭士禄斩钉截铁的"裁决"，得到与会大多数工程技术人员的支持，大都赞成放弃熔盐堆方案，采取压水堆方案，并根据彭士禄的建议，决定首先建设 10 万—30 万千瓦压水堆原型示范电站。

总理殷切的期望

一石激起千层浪。

彭士禄的到来，使欧阳予的斗争策略终于奏效。他们请来彭士禄这尊"真神"，终于撬开了中国核电站建设的大门。1973年，彭士禄被聘任为核电站工程的技术顾问。

经过一段时间的设计论证，欧阳予他们拿出了压水堆的技术论证方案，并上报至上级有关部门。

至此，在彭士禄等人的力排众议、据理力争下，关于两种堆型的选择有了最终的定论。他们提出的压水堆方案，以无可辩驳的理论数据和实践经验，很快得到学界的认可。这一方案也为我国核电的健康发展起到关键作用，避免了误入歧途、陷入泥淖——勿谓彭士禄言之不预，有些人吹嘘和尊崇的西方熔盐堆方案，美国人最终还是走进了死胡同，只好于1974年悻悻宣布下马。

1973年11月，关于建设30万千瓦压水堆的方案报到国务院。周总理看过报告后，认为此事非同小可，他批示道："一要听汇报，二要做个模型看看。"[1]

1974年3月31日上午，住在北京京西宾馆的彭士禄、欧阳予等人在焦急的等待中，接到国务院办公厅通知：下午3点，周总理要在人民大会堂新疆厅听取他们关于核电站建设的情况汇报。

此时的北京，冰雪已经消融，能嗅到丝丝春天的气息。彭士禄一行30多人来到新疆厅，见会场已经布置好，座位已依次摆好。刚坐了一会儿，周恩来、邓小平、叶剑英、李先念等党和国家领导就走进了会场。

---

[1] 秦山核电基地党委宣传部. 中国核电从这里起步：记为核电建设拼搏奉献的勇士们1[M]. 北京：北京十月文艺出版社，2008：63.

彭士禄一下站了起来。一见到周总理，他心里就紧了一下。周总理见到大家，虽面带微笑，亲切地跟每个人握手，但他面目清癯、憔悴消瘦，身体比彭士禄前次见到他时更差了！彭士禄哪里知道，此时周总理已经罹患癌症，住进了医院，但他将自己的病情置之度外，每天的工作日程仍然排得满满的。为了中国的第一座核电站建设，他从百忙中抽出时间专门来听取汇报。[1]

"大家请坐，坐下谈吧。"周总理热情地招呼大家坐下后，环视了会场一下，指着前排的彭士禄，对坐在旁边的邓小平说道，"小平，你看，这是谁？我来给你介绍一下。"

邓小平正在埋头看文稿，听见周总理叫他，他应了一声，望着周总理手指的人，笑着点了点头。

"这就是彭士禄。"周总理对邓小平说道，"他就是彭湃同志的儿子，现在是核潜艇的总设计师了！"

"哦。"邓小平放下文稿，走到彭士禄前面，微笑着对他点了点头，亲切地和他握了握手。

"汇报开始吧。"周总理见邓小平回座，对彭士禄和欧阳予等人讲道。

设计人员抱来一卷图纸，但没有地方悬挂，只好摊在了地上。

欧阳予和彭士禄走上前去，指着图纸，就核电站的设计思想、采用堆型、技术论证、设备研制、基本建设、安全保障、建设经费等向与会的中央领导言简意赅地作着汇报。

"核电站排出来的废物怎么处理，你们有技术方案吗？"周总理身体前倾，认真看着图纸，仔细听着汇报，不时提出一些专业的技术问题来。

"可以采用固化处理后，深埋在大山山洞里。"彭士禄回答。

"深埋在大山山洞里，会不会影响地下水？以后挖出来，会不会影响我

---

1 此次汇报内容，参见《核动力道路上的拓荒牛：彭士禄传》一书。

们的子孙后代呢？"周总理又问。

"核废料固化后，选择好地点进行深埋，应该不会影响地下水，对子孙后代也不会产生大的影响。"彭士禄回答，"目前核废料的处理，世界上都是采用这样的方式。"

"大胆的设想是好的，但一定要经过实践的检验，兼顾现在，更要着眼于长远。"会上，周总理反复嘱咐发展核电站应该坚持安全、适用、经济、自力更生的方针，强调："核电站的设计建设，必须绝对安全可靠，特别对放射性废水、废气、废物的处理，必须从长远考虑。一定要以不污染国土、不危害人民为原则。对这项工程来说，掌握核电技术的目的大于发电。"[1]

听完汇报后，周总理和其他中央领导上前，饶有兴趣地观看欧阳予他们带来的核电站模型。在模型进行演示时，周总理边看边提出问题，对每一个关键点都仔细进行询问。彭士禄站在总理旁边，耐心地对他提出的问题一一作答。周总理不时满意地点点头。

这天，周总理拖着十分虚弱的病体，强打精神，整整听了一个下午的汇报，并对这项宏大的工程做出了最后的决策。周总理的身体实在太差了，或许他知道自己来日不多，这恐怕是最后一次关心中国的核能发展，最后一次听取中国核电站工程的汇报了。

"总理真如诸葛亮《出师表》所讲的那样，是'鞠躬尽瘁，死而后已'，是生命不止，工作不息啊！"后来彭士禄知道了周总理的病情，他含泪对欧阳予讲道，"我们不早日把中国的核电站搞出来，怎么对得起他老人家殷切的期望啊！"

这次会议审查并原则上批准了中国建设电功率为30万千瓦压水堆核电站方案，明确作为科技开发项目列入国家计划。

不知不觉，已是晚上了。

---

[1] 中共中央文献研究室. 周恩来年谱（1949—1976）：下卷 [M]. 北京：中央文献出版社，1997：408，659.

周总理回头问服务员："晚饭准备好了吗？"

"准备好了。"服务员点点头。

"今天的会议就开到这里，同志们下去后就具体抓好落实。"周总理说，"大家都饿了吧？一起去吃晚饭吧。"

来到饭厅，周总理把彭士禄、欧阳予等几位技术人员拉到自己桌上，继续亲切地跟大家交谈。饭毕，他和同志们分别时，鼓励大家："你们一定要抓紧时间，以只争朝夕的精神，把我国的第一座核电站建起来！"

彭士禄握住总理的手，端详着他的脸，久久不愿离去，暗下决心一定抓时间、抢速度，像研制核潜艇那样，安全可靠地把核电站建起来！

彭士禄一步一回头地走了，总理最后还对他挥了挥手。

压水堆方案得到认可后，彭士禄带领40多人到上海与当地的同志们汇聚在一起，开展30万千瓦压水堆的方案设计，确定主参数、系统配置、主设备选型等工作。秦山一期核电站就是在这个方案的基础上进行设计的。

自此，中国核电工程在周总理呕心沥血亲自倡导、精心指挥下，一步一个脚印，从无到有，从小到大，从弱到强。经过多年的迅猛发展，中国已经走在了世界前列，成为名副其实的核电大国。

至2024年年底，我国大陆已建成和在建的核电站有秦山核电站、大亚湾核电站、红沿河核电站、福清核电站、海阳核电站等，其中并网运行的核电机组有58台，机组数量仅次于美国，位居世界第二。秦山核电站从30万千瓦跨越为100万千瓦；国际领先的三代核电技术"华龙一号"、全球首个多用途模块化小堆"玲龙一号"相继成为闪亮的"国家名片"；全球首座第四代核电站——华能石岛湾高温气冷堆核电站示范工程，也于2023年投入运行。2024年年底，核电占我国总发电量的4.73%左右，我国已成为世界核能发电大国，预计到2035年核电总发电量占比可达10%。非但如此，我国实力强大的核电建设队伍，早已走出国门，援建其他国家的核电站，由此塑造了国家形象，展现了中国气派——彭士禄和他的战友们，已完满实现了总理发展中国核电的遗愿，倘若他天上有知，应当含笑九泉了。

有海燕飞过去。

有大雁飞回来。

随着核潜艇工程圆满完成，并开始升级换代，彭士禄完成了这项庄严的使命后，他听从党和人民的召唤，将主要精力从军工转到了民用核能上来。

听从召唤赴广东

这里是深圳大亚湾。

湛蓝的大海，浩瀚无际；美丽的海湾，椰林连绵。

时间延续到 20 世纪 80 年代，为解决能源危机和获得清洁能源，和平利用核能发电似乎已成为世界潮流，各国争相修建核电站，有的发达国家核能发电已占总发电量的 20%—30%。

改革开放以来，我国经济快速复苏，工农业生产高速发展，由于工业基础薄弱，欠账太多，能源问题已成为制约我国经济发展的重要因素，各地缺电情况十分严重。特别是改革开放的前沿东南沿海地区，这种状况尤为突出。自我国秦山核电站批准建设后，广东省也提出了发展核电的构想。为此他们找到了香港中华电力公司，想双方合资修建一座核电站，以解燃眉之急。双方合资意向谈成之后，立即向国家有关部门递交了请示报告。

中央接到请示后，认为此方案可行，并表示支持。可是，对于如此重大的工程，而且是首次和外资合作搞这样的项目，没有任何经验可循，也没有先例参照——怎么办呢？广东省提议，能不能找一个核能专家来坐镇把关。如此，大家不约而同想到了一个人，还说此事"非他莫属"！他就是中国核潜艇第一任总设计师、核动力装置主要技术负责人、秦山核电站技术顾问——彭士禄。

此时，在秦山核电站工程建设中，彭士禄已开创性地研发了反应堆一维燃耗计算程序，建立了一代核动力反应堆物理设计方法，提出了圆形燃料元件盒、同心布置的双流程堆芯技术方案，突破性地提出了控制棒的组合传动控制技术，建立了核动力装置稳态和瞬态主参数计算方法。

1983年2月，国务院宣布成立广东核电指挥部，正式任命彭士禄为总指挥。此前，彭士禄已担任六机部副部长、总工程师，参与筹建中国核学会，并任副理事长、核能动力分会会长；同时他还被选为中共第十二届中央委员会候补委员。国务院在任命他担任核电指挥部总指挥时，为方便工作，在免去他六机部所任职务的同时，任命他为水利电力部副部长、广东省委常委。

彭士禄就要离开六机部，离开核动力基地了。部里的同志、基地的工人，特别是工程技术人员，都舍不得他离开。他们敬佩彭士禄无私无畏、敢于拍板、敢于承担责任的工作作风；他们喜欢彭士禄平易近人、坦诚豪爽、与群众打成一片的处事风格。可，有什么办法呢？"我是革命一块砖，哪里需要哪里搬。"还好，经国防科工委出面协调，彭士禄还继续兼任核潜艇技术顾问。

没有任何条件要讲，没有任何犹豫彷徨。1983年2月，彭士禄带着参加过核潜艇工程的昝云龙、张金麟、郭天觉、沈俊雄等10名技术骨干走马上任，来到广东核电指挥部。彭士禄带来的这批人，此后在大亚湾这个舞台上，大展手脚，各显神通，磨砺锻炼，这批人后来都成为中国核电事业的领军人物。至今，"十大金刚大战大亚湾"的故事，仍然是当地员工津津乐道的美谈哩！

近花甲之年，彭士禄又踏上了共和国核电事业的拓荒之路。那一年，我国外汇储备仅有1.67亿美元，而大亚湾核电站总投资需要40亿美元。既没有足够的建设资金，人才、技术也是空白。在这种情况下，要建成中国第一座百万千瓦级的商用核电站谈何容易！

"时间就是金钱，质量就是效益。"这个过去从来没有人敢提的口号，在东南沿海而今已成为经典。彭士禄带着大家从北方来到南方，从内地来到沿海。一路上，他都在思索到广东后马上需要着手的工作。到了目的地，旅途的疲惫还未消去，生活环境还没适应下来，彭士禄就要求大家："一是马上制定引进国外大型核电站技术选型和计划；二是尽快进行核电站选址工作；三是尽快完成核电站统筹计划进度表；四是尽快确定与外商的谈判计划。"

"同志们，时间不等人呀，广东这地方目前用电是'停三开四'，大家都眼巴巴盼着核电早点搞出来，夏天能吹风扇，冬天不再打摸黑干活，所有的机器都能够转动起来。"末了，彭士禄还不忘跟大家开开玩笑，"而今来到这里，大家都是单身汉了，要有当几年和尚的思想准备啊！"

"哈哈哈……"彭士禄对同志们幽默风趣的"告诫"，让大家捧腹大笑，旅途的疲惫顿时烟消云散。

是的，跟着彭士禄来到广东的同志们，大多数都上有父母，下有儿女，他们天南海北地工作，完全照顾不了家庭。而且他们在这里除了工作压力大、生活艰苦，收入也不高，每月工资只有六七十块钱；而那时外资、合资企业的普通工人，有的每月已经能拿到三四百块，更不用说那些做生意的"大款""倒爷"了。当时社会上有这样的顺口溜："搞原子弹的不如卖茶叶蛋的，拿手术刀的不如拿剃头刀的"；有人还信奉起了"抬头向前看，低头向钱看；只有向钱看，才能向前看"的生存哲学。

"这种观点不对，我反对！"针对社会上的这些论调，彭士禄认真地对大家讲，"我觉得金钱的作用是有限的，而人们对金钱的欲望是无止境的。当然，不能不讲钱，这是人生存的一种需求；然而，我认为还有比钱更为珍贵的东西——那就是，人的尊严，人的精神需求！所以，马克思老先生就讲：

'从做生意和金钱中获得解放,也就是现代的自我解放。'大家说,是不是这个理儿呀!"

彭士禄所言绝非大话、套话,而是他发自他内心的大实话。是的,如果每个人活着就是为了金钱,那李大钊先生就不会从容地走上绞架,叶挺将军就不会宁愿把牢底坐穿,杨靖宇将军就不会死后一肚子都是野草,千千万万个红军战士也不会吃树皮啃草根而前仆后继舍生忘死!

彭士禄在大亚湾工地现场讨论

此时,彭士禄和他的同事们来到广东,正夜以继日,披星戴月,艰苦奋战,做着核电站前期的筹备工作。从1983年3月到9月,在广东省委省政府、广东人民的鼎力支持下,仅用不到6个月的时间,筹建工作就顺利完成,并开始基本建设——然而,就在此时,项目遭遇了意想不到的阻力,还引来一场声势颇大的风波。

第二章　转战南北建奇功

大亚湾的日日夜夜

头顶炎炎的烈日，脚踏嶙峋的礁石。从早到晚，日复一日，彭士禄带着大家，在广东沿海不停踏勘，进行核电站的选址工作。

此时，正值盛夏，他们从蛇口到深圳，从大鹏到惠阳，从海岸到海岛，一路勘察，一路对比，一路研究，到1983年8月底，他们共踏勘了48个地方，最后要从这些地方选出最理想的站址来。

经过反复对比分析，大家认为大亚湾和大亚湾海面正对的另一个地方，是最理想的地址。一是这两个地方地质岩层坚固，从没发生过地震，场地也相对平整，便于施工；二是人烟稀少，只有一个几十人的小渔村，便于移民搬迁；三是海边水深达12米，海面相对平静，冷却水源充足，淡水水源丰富，取水条件方便；四是这里离香港直线距离50公里，离深圳40公里，电力输送方便。

"好啊，大亚湾这地方，自然条件真是得天独厚，水文、气象、地质等各种建站要素浑然天成！"彭士禄再次来到大亚湾，兴奋地站在岸边一块礁石上，远眺着清澈湛蓝、波光粼粼的海面，环视了一遍周围平坦的石滩，毅然拍板道："核电站就建在这里了！"

1983年9月，国务院下达了《关于成立国务院核电领导小组的通知》，确定时任国务院副总理李鹏担任这个小组的组长，成员由国家计委、国家科委、国防科工委、外交部、核工业部、机械工业部、对外经贸部等部门的领导 11 人组成，彭士禄也是这个小组的成员之一。这个小组，负责统一组织协调全国核电发展及核能和平利用的各项工作，提出核电发展方针，确定重大技术方案，统一组织对外谈判，协调各部委之间的工作。彭士禄所在的水电部则负责核电站的总体设计和建设，以及土建、安装、调试、运行和管理。

彭士禄在大亚湾工地现场勘察

在大亚湾核电站建设初期，受苏联切尔诺贝利核电站事故的影响，香港掀起一场"反核"风波！

"你们知道吗？内地在海湾对面修建的核电站，离香港只有区区 50 公里！这核电站使用的就是核燃料呀，就像潜伏在我们身边的原子弹，一爆炸就不得了，整个香港会受到毁灭性打击！"

"是啊，核电站的当量比原子弹还要可怕，最近苏联切尔诺贝利核电站的反应堆就发生了爆炸,连续的爆炸引发了大火,散发出大量的高能辐射物质,涵盖了半个欧洲,所释放出的辐射线剂量,是'二战'时期广岛原子弹爆炸的400倍以上!"

"是呀是呀,苏联的科学技术那么发达,都出了那么大的事故,中国人搞核电站,危险系数更高呀!"

……

1986年4月26日,苏联切尔诺贝利核电站反应堆发生严重爆炸事故,消息传遍全世界,也引起了香港市民的恐慌。一时间,香港掀起了百万人签名请愿的风潮,市民上街游行,反对在大亚湾修建核电站。

那段时间,大有山雨欲来之势,彭士禄也经常被记者包围。记者们提得最多的问题就是"核电站究竟会不会爆炸?""核电站究竟有无辐射,对人健康有没有影响?"

"我听有人说,核反应堆是原子裂变,如果控制不好,就会成为一颗爆炸的原子弹。其实呀,这样的说法是驴唇不对马嘴!我可以肯定地

广东大亚湾核电站掠影

回答你们：核电站不会爆炸！核辐射物质被燃料包壳、压力壳和安全壳层层屏障，能承受极限事故引起的压力、高温和各种自然灾害，不会对人健康产生影响！"彭士禄从容而镇定地回答。他又把在西南山沟搞核潜艇核动力装置时说服那里的人们的"理论"搬了出来："我早就说过，原子弹的铀235含量是98%，就像酒精，火柴就能把它点燃；而核电站的反应堆呢，铀235只含有3%，就像啤酒，用火你能把它点燃吗？我告诉你们，即使核电站控制失灵，也有层层预警、层层保护，绝不会爆炸！"

彭士禄这"酒精"和"啤酒"的比喻，言简意赅、一语中的、科学客观、朴实无华，一下子就讲清了原子弹和核电站之间的区别。经不少香港媒体的正面解释和持续报道，这场"反核"风波才渐渐转向，香港民众关于"核电危险"的观念才逐渐消融，这场"反核"风潮最终得到了平息，大亚湾核电工程依然有条不紊地进行。

"是啊，万事开头难呐！彭总带着我们到了广东之后，为筹建大亚湾核电站，说他殚精竭虑、呕心沥血，一点也不为过。在那些艰难的日子里，他不但要四处奔走为核电站选址，为土地问题和地方上协商，与香港中华电力公司商谈，与法国德国的供货商谈判，还要对香港和内地的民众进行科普宣传，对技术方案进行审查拍板，重大问题还要到北京向国务院和相关部门汇报……真是忙得像陀螺一样团团转呀。他天天熬夜，天天加班，眼睛熬红了，声音嘶哑了，但他还是停不下来。"后来的中广核集团公司董事长昝云龙说，"来到广东，由于生活上太随意，饥一顿饱一顿，冷一顿热一顿，他的老胃病又发作了，但他一声不吭。同志们看到他由于过度劳累、长期熬夜、疲惫憔悴，时常显得有点神情恍惚，力不能支，都劝他到医院检查检查，好好休息一下，可他还说大家是小题大做……"

"作家同志，我知道你采访过无数的领导和专家，可像彭总这样的领导和专家,你见过多少呀?"末了,昝云龙对笔者说道:"你可要知道,当时他已是六机部副部长、总工程师;到了广东,他也是水利电力部副部长、广东省委常委、核电站总指挥,还是中共第十二届中央委员会候补委员,应该算是高官了吧?还不用说他是著名的核动力专家。大家之所以敬重他,是因为他没有一点当官的架子,处处都是以身作则,身先士卒!"

此时,国务院早就批准了大亚湾总体建设规划。在大亚湾总体规划中,彭士禄做了一个令人意想不到的决定,原本计划安装2台机组,可在他与法国核电专家谈判时,让他们做了4台机组的总图设计。刚开始,香港投资方还有顾虑,只同意建设2台。彭士禄没有因他们的反对,而放弃自己的决定,他坚持按4台机组规划征用了土地,还提前进行了土地的"四通一平"——后来,香港方面尝到了甜头,看到核电发展的前景,喜不自禁,又主动在征地上增建了2台机组。

"彭士禄作为一个专家型的领导,他有眼光,有气魄,有远见,在当时国家还没有批准立项的情况下,他这样做,是要冒风险的呀!可实践证明,他的决策是正确的。"同彭士禄一起到大亚湾,后来成为广东核电总工程师的郭天觉说,"他为大亚湾核电站建设立下的丰功伟绩,祖国人民不会忘记,广东人民和香港人民更不会忘记。"

中年时的拼搏

俯瞰秦山核电站

从浙江嘉兴海盐县城出发,沿翁金线一路向南,行至秦山脚下,就能看到一座座高耸入云的高压铁塔,铁塔上粗大的电缆蜿蜒着伸向远方。这些高压电缆最终汇入华东电网,为长三角经济圈源源不断地提供着强大的电力,有力地促进着整个华东地区的繁荣、经济的发展。

秦山,据说是当年秦始皇统一中国后,率领满朝文武百官东巡时,曾在这里登高望远而得名。这里依山傍海,冬无严寒,夏无酷暑,地理位置优越——秦山核电站就坐落在这里。

这座举世闻名的核电站,是中国首座自行设计、自行建造的核电站。秦山核电站一期工程设计发电量 30 万千瓦,于 1984 年开工,1991 年 12 月并网发电,使中国成为世界上第七个能够自行设计建造核电站的国家。秦山核电站二期工程于 1996 年 6 月开工,在原址上扩建 2 台 60 万千瓦的发电机组,于 2002 年初投入商业运行。

秦山核电站二期工程,从开始的技术论证到工程立项,从基本建设到商业运行,始终都和彭士禄紧紧联系在一起。

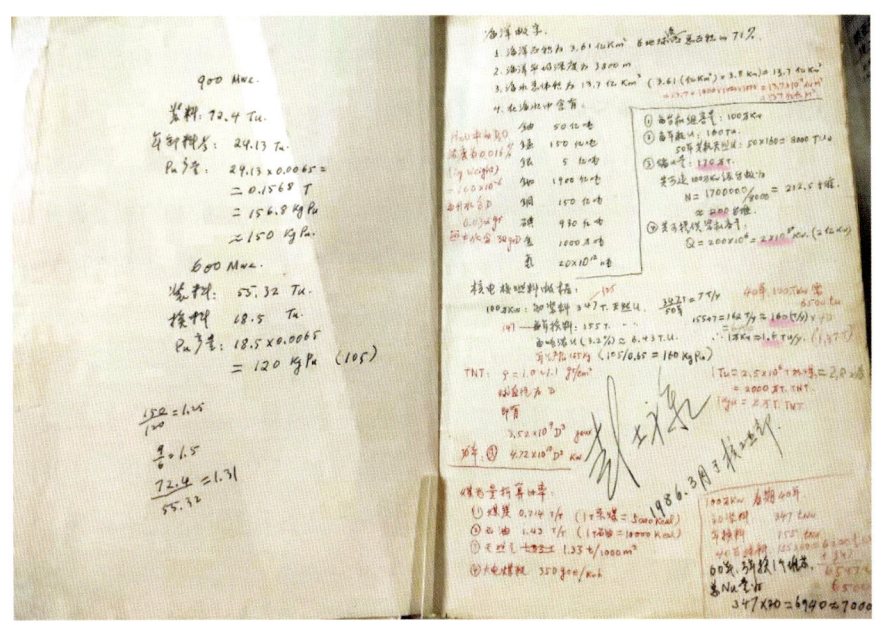

彭士禄的手稿

1986 年 5 月,广东大亚湾核电站筹备工作基本完成时,李鹏副总理来到了这里。彭士禄陪他视察施工现场时,李鹏同志透露,中央准备趁热打铁,启动秦山核电站二期工程建设,规模拟从 30 万千瓦提升至 100 万千瓦以上,并对他说道:"你要有思想准备,你这块'砖'呐,随时可能又要搬动搬动了。"不久,彭士禄就被调到核工业部任副部长兼总工程师、科技委第二主任,负责秦山核电站二期工程的筹建工作。

这一年,彭士禄已经61岁了。从苏联回来的这几十年,自从投身核能领域后,他几乎没有一刻清闲的时光。北国的风霜,南方的烈日,深山的苦斗,海岛的摔打,他长年与家人聚少离多。一忙起来,十天半月难得给夫人打次电话,更不用说给孩子们写封信了。而今,他年过花甲,本该停下来歇口气了,却还要奉命到一个陌生的地方去"开疆拓土"。同事们闻讯和他开玩笑:"彭总,您这是真正的'老骥伏枥,志在千里'啊。"

"感谢人家不嫌弃我这老头儿。"彭士禄呵呵一笑,还是那句老话:"我这块砖呐,是哪里需要,就往哪里搬。"

接到任命,卷起行李,彭士禄马不停蹄来到秦山核电站后,立即就投入了紧张的筹备工作中。他拖着羸弱的身体,早晨黄昏,寒来暑往,天南海北,四处奔波。那段时间,他不是在灯下冥思苦想,就是整天伏案精心盘算;不是在与外商的谈判桌上,就是在与地方政府的协调之中;不是在核电站工地上,就是在去核电站工地的路上。

当时,我国正处于新旧体制交替、新旧观念碰撞、新旧管理方式变革时期,各种矛盾冲突频发。初来乍到,方方面面的工作如一团乱麻,千头万绪纠缠在一起。但彭士禄凭着他的悟性和智慧、实践和经验,运筹帷幄,精心谋划,硬是在别人没有走过的地方,走出了一条路。在领导体制上,他首倡实行董事会制度和股份制,董事会成员由投资单位和国家有关部门推荐产生,股东对核电站的资金筹措、工程建设、经营管理、安全保证、贷款偿还等全面负责;在工程建设上,由于西方国家对我国进行"制裁"和封锁,他向中央领导建议:光靠外国人是不行的,核心技术人家永远不会给你,有点风吹草动,就会被人"卡脖子",所以要采取"以我为主,中外合作"的方针；在管理体制上，他参照大亚湾模式，严格实行业主负责制、招投标制、工程监理制等。

彭士禄在秦山二期工地现场

彭士禄的计算工作手稿及工作笔记本

基本方针和政策定下来后，彭士禄亲自计算了核电站的主参数，编制了计划与投资表。他所编制的"一级进度表"，受到国外核专家的由衷赞赏。60万千瓦压水堆工程一级主参数有100多项，他连续奋战几个昼夜，亲自计算出这些主参数和投资估算。同时，他还列出了设计、设备、土建、安装、调试等一级进度表。

外国专家费利斯曾不解地问他："彭先生，您是董事长呀，这些工作已经大大超出了您的职责范围——怎么，您是想让您的总工程师失业吗？"

"哈，费利斯先生，看来您对我们中国的国情了解还不够。"彭士禄笑了笑，这样回答他，"我们中国有个成语，叫作'同舟共济'，我和总工程师现在都在同一条船上,就应该心往一处想,劲儿往一处使,大家风雨同舟,他怎么会失业呢!"

"好的,好的,彭先生说得好!"费利斯这下终于理解了彭士禄的用意,他伸出拇指表示赞同,用生涩的中国话讲道。

恕笔者略去那些规划、设计、谈判、征地、土建、安装、调试等大同小异、枯燥乏味的建设过程。总之,在彭士禄和同事们的艰苦努力下,经过8年建设,秦山核电站二期工程1号机组于2002年4月顺利投入商业运营,2号机组于2004年5月成功并网发电,加上三期工程,秦山核电基地运行机组数量达到7台,总装机容量达432万千瓦,年发电能力为330亿至340亿千瓦时,成为我国运行机组数量最多的核电基地。

同时,工程以10项重大技术改进为重点,优化了1118项技术,包括开展严重事故分析、概率安全分析实施设计,进一步提高了核电站预防和缓解事故的能力。这两个机组设计负荷因子,由65%提高到75%,大大提高了核电站的安全性和经济性,并在建筑材料普遍上涨的情况下,整个工程节省投资6亿多元。

秦山核电站在建设发展过程中,严格执行国家的环境保护法律法规,将水、土壤、空气、海产品等都作为核辐射监测取样对象。迄今,最早运行的

秦山核电站二期风采

反应堆已有30多年，在长期的环境监测中，目前的环境水平与初建时几乎没差别。

秦山，中国核电的发源地。这里，在彭士禄担纲主持下，中国人实现了由小型原型堆核电站，到自主建设大型商用核电站的重大跨越。从秦山核电站一期工程的30万千瓦，到秦山核电站二期工程的60万千瓦，中国核电从起步阶段迈入了高速发展、大步跨越阶段。在秦山核电站二期工程的建设中，国产化也一直贯穿整个过程，建设者们卧薪尝胆、艰苦创业，磨砺了队伍，培养了人才，积累了经验，中国人逐步掌握了世界领先的核电技术——从此，我国不仅走出了核电国产化的路子，为日后的"华龙腾飞"做好了准备，更为中国核电"走出去"，打下了坚实的基础！

彭士禄为中国的核电事业发展做出了不可磨灭的贡献。正如《人民日报》刊载的《一生愿作"拓荒牛"》一文所讲的那样："他几十年的生命旅程，就像一头拓荒的牛，带领战友们在神秘的核动力领域，奋力开拓，默默耕耘，让这块原本布满荆棘的土地上，开满了艳丽的鲜花，结出了沉甸甸的果实！"[1]

"彭总啊，我国大亚湾核电站、秦山核电站的胜利建成，同志们都说，您立了大功啊！"秦山核电站二期工程完工庆典上，有记者问彭士禄，"有人称您为'中国核潜艇之父'，您同意这样的说法吗？"

彭士禄坚决反对这种说法。他认为任何一项宏大的工程，个人的作用其实是有限的。他不过是与同事们合作，为中国核事业做了自己该做的事。同时，他还指出：要说立大功，那是党中央的英明决策；要说谁是"中国核潜艇之父"，那是周恩来总理、聂荣臻元帅等老一辈革命家，是千千万万工程技术人员和建设者！他充其量就是核潜艇上的一枚螺丝钉。

---

1 舒德骑. 一生愿作"拓荒牛"[N]. 人民日报，2021-8-14.

彭士禄在自述中说：我们这一群人，"用一股犟劲，只用六年时间硬是把它搞了出来，真是奇迹！靠的是什么？除了中央的决心和领导的支持外，靠的是共产主义的爱国之心、群体的智慧和合力、一股犟劲精神。我深深感到'老九'们的可爱，群体的可爱。在这一宏伟工程中，我和他们一样，努力尽职尽责，做了铺砖添瓦的工作。"[1]

性格所决定，彭士禄说的是大实话。

在秦山核电站一期核反应堆正对面的山麓上有一块石碑，上面镌刻着"秦山春晓"四个大字。

"这是我们不忘历史、记录历史的方式。"秦山核电站负责人说道，"这句话的寓意就是：秦山核电站就像一束迎春花、一支报春曲，是它迎来了我国核电事业的春天。"

一生只做两件事

"繁霜尽是心头血，洒向千峰秋叶丹。"这是戚继光《望阙台》中的诗句，淋漓尽致地抒发了这位民族英雄的家国情怀，把它移植到彭士禄身上，再贴切不过了。

彭士禄在科学领域里取得了举世瞩目的成就：1978 年，获"全国科学大会奖"；1985 年，作为第一主要完成人获"国家科技进步特等奖"；1987 年，被列入英国出版的《世界名人录》（WHO'S WHO）中；1988 年，获国防科工委为表彰各兵种优秀总设计师颁发的"为国防科技事业做出突出贡献"荣誉状；1994 年，当选为中国工程院首批院士；1996 年和 2017 年，先后获何梁何利基金"科学与技术进步奖""科学与技术成就奖"；2020 年，获"第

---

[1] 中国工程院学部工作部. 中国工程院院士自述 [M]. 上海：上海教育出版社，1998：500.

十三届光华工程科技成就奖"。他是中共十一大、十二大、十三大代表，中共第十二届中央委员会候补委员；第四届和第八届全国人大代表，第八届全国人大常委会委员，全国人大环境与资源保护委员会委员；同时担任中国核工业集团有限公司科技顾问、中国核学会名誉理事长、中国核动力学会理事长。

几十年来，彭士禄在繁忙的工作之余，发表了《反应堆热工水力计算》《我国核能的展望》《核能在我国能源中的地位》《中国核能的现状和展望》等几十篇论文，出版了《核能工业经济分析与评价基础》等著作。此外，彭士禄是《核动力工程》期刊的创办者之一。该期刊对于促进核动力工程领域的学术进步、技术创新，培养核动力专业人才等方面，都发挥了重要作用，也见证了我国核动力事业从起步到不断发展壮大的历程。

岁月的风霜，染白了他的双鬓；长年的辛劳，耗尽了他的心力，累弯了他的腰身。随着光阴的流逝，为中国核动力事业奋斗了一生的彭士禄，渐渐老了。老了，按理说就该退休了。然而，他似乎永远没有退休的时候。年事已高的他，没有待在家里享受含饴弄孙的天伦之乐，也没有躺在太阳伞下过着品茗养神的悠闲生活，每天的日程依然排得满满的，总是很晚才回家，很少能见到家人。

七八十岁高龄时，彭士禄还经常视察核潜艇、核电站的工作，参加各种学术活动，给从事核工业的年轻人当"参谋"。对此，孙女彭瑶很有意见。彭士禄每天回家时都是深夜，回来时孙女已经睡着了；而每天早上孙女醒来时，他却又出去了。为此，孙女跟他还签了一份"合同"，大意是如果他能准时回家的话，可奖励他一瓶啤酒——然而，他总是让孙女失望。

如果一个人有着远大的理想，那么年龄的意义是不大的，少年、青年、老年，不过是几个名词，无足轻重；如果一个人有一种优良的品格修养，年龄的意义也不大；如果一个人投身于一个崇高神圣的事业，年龄更没有什么意义了，眼睛为理想放光，皱纹为征战而生，永远不知老之将至。

彭士禄84岁高龄时考察海南昌江核电站厂址

直到2020年1月15日,中国核工业创建65周年时,已经95岁的彭士禄,在生病住院期间,念念不忘的还是国家的核事业。他对来看望他的核工业集团领导和同事们讲:"我们核工业必须做大做强,新一代的核工业人,要努力加油干,你们是最棒的!"

此时的彭士禄,年事已高、疾病缠身,虽然他自知时日不多,但还牵挂着中国的核潜艇,心系着中国的核电站,还在想着为党分忧、为国出力。回首往事,那童年时的凄楚、少年时的苦难、青年时的抱负、中年时的拼搏、老年时的坚守……唉,人生匆匆就百年!或许他在想:倘若时光能倒回去20年,还能为国家再建两座核电站哩!

"无私奉献,支持弱者,敢冒风险,敢为人先;与世无争,与人无求,助人为乐;在别人的非议中走自己认为正确的路;要做减法化繁为简。"这是彭士禄人生的座右铭和他做人做事的准则。

"干惊天动地事，做隐姓埋名人。"几十年来，彭士禄都做着惊天地、泣鬼神的事。由于特殊的原因，他的事迹，甚至连他的名字，如同"两弹一星"元勋们一样，鲜为人知。

直到我国核潜艇工程解密，核电站成功进行商业运行，人们这才知道：原来在中国土地上，把核能这只桀骜不驯的"猛虎"成功关进铁笼的领军人物，是一个名叫"彭士禄"的人哪！

2017年，彭士禄获得何梁何利基金"科学技术成就奖"后，将获得的百万元奖金全部捐出，由中核集团设立"彭士禄核动力创新奖"，以鼓励广大科技工作者为核动力创新进步多做贡献。

记者采访他时问道："彭老，中国人依靠自己的力量，完美地造出了核潜艇，搞出了核电站，让世人无比惊叹！我们打听到，您是广东海丰人，是彭湃烈士的儿子。能不能请您谈谈搞核动力的初心，谈谈您的人生经历和追求？"

"既然你们都知道了我的底细，那我就不多讲了。"彭士禄坦率地讲道，"坎坷的童年经历，磨炼了我不怕困难艰险的性格。几十位'母亲'给我的爱抚，感染了我热爱百姓的本能。父母把家产无私地分给了农民，直至不惜生命，给了我要为人民、为祖国奉献一切的热血。延安圣地培育了我自力更生、艰苦拼搏、直率坦诚的习性。总之，我虽姓'彭'，但心中永属姓'百家姓'！至于我的人生追求，父亲那'愿将此身长报国'的人生信念，时时警醒和鞭策着我，这也是我毕生追求的终极目标。"

面对记者刨根问底，彭士禄接着讲道："父亲一生为国家做了三件事：第一个建立了农民武装，第一个建立了革命根据地，第一个建立了苏维埃政权。至于我呢？年轻时我就立志，要造出中国的第一艘核潜艇，建好中国的第一座核电站，完成了这两件事，我就算对得起我的父亲了。"

而今，他人生的两个夙愿已圆满实现。

太阳已经西斜。

笔者在最后一次采访彭老时,他除了前面提到的做人做事的几张牌,亮出了他的最后一张底牌,那就是"糊涂牌"。他说:"做明白人不容易,做糊涂人更难。对公,自己倒很明白;对私,却是很糊涂的。这几十年,我也不知道自己拿多少钱,坐的是什么牌子的车,住的房子是多少平方米——甚至,连1978年参加全国科学大会时,送我到会场了,我还不知道自己获了奖!"说完,彭老自嘲似的笑了起来。

晚年时的坚守

尾 声
愿将此身长报国

> 我坚信共产主义必胜无疑,作为中国共产党员,我将为之奋斗终身!也许是生肖属牛的吧,非常敬仰"孺子牛"的犟劲精神,不做则已,一做到底。

2021年3月22日，彭士禄走完了他传奇的一生，享年96岁。

2021年3月28日上午9时，在北京八宝山大礼堂举行彭士禄同志遗体告别仪式时，广东省海丰县彭湃故里也同时举行了彭士禄同志追思会。此次追思会虽按照彭老生前嘱托的"丧事从简"原则，但人们还是从四面八方赶到会场，现场人山人海，气氛庄严肃穆，海丰人民用他们最朴实的方式，深切缅怀家乡这位优秀的儿子。

2021年5月26日，中共中央宣传部追授彭士禄"时代楷模"称号。中央电视台对颁奖仪式进行了现场直播，颁奖词对他的一生这样评价道：

> 他是我国著名的核动力专家，中国核动力事业的开拓者和奠基者之一，是党的早期领导人、我国农民运动的先驱彭湃烈士之子，幼年颠沛流离，在党的培养下成长成才。上世纪50年代，他响应党中央号召，积极投身我国核潜艇研制事业，担任总设计师，为我国第一艘核潜艇成功研制做出突出贡献。改革开放后，他负责大亚湾核电站的引进建设工作，并组织自主设计建造了秦山核电站二期，引领我国核事业发展实现历史性跨越。曾任原第六机械工业部副部长、党组副书记，原水利电力部副部长、党组成员，中国核工业集团有限公司原科技顾问，是中国工程院首批院士。
>
> 彭士禄同志是红色家风的优秀传承者，是科学家精神的杰出践行者，是中国核动力事业的拓荒牛，是共产党员的优秀代表。他继承先辈遗志，传承红色基因，赓续共产党人精神血脉，感党恩、听党话、跟党走，始终饱含着对党和人民的赤子之心。他以身许国、科技报国，勇于创新、敢于拍板，践行了"核潜艇，一万年也要搞出来"的铮铮誓言，为我国核事业做出了开创性的贡献。他"干惊天动地事，做隐姓埋名人"，高风亮节、淡泊名利，永葆初心、不改本色，为党和人民的事业奋斗不息、躬耕不止，集中体现了党

的坚定信念、根本宗旨、优良作风，生动彰显了中国共产党人艰苦奋斗、牺牲奉献、开拓进取的伟大品格。[1]

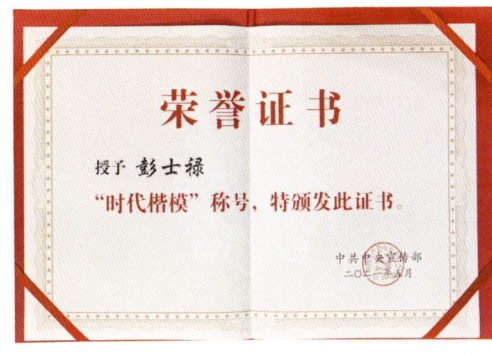

时代楷模证书和奖章

《我心澎湃》MV

  2021年3月30日9时，渤海湾晴空万里，碧波荡漾。伴随着激越的《英雄核潜艇》之歌，一艘轮船向西南方向行驶，到达预定海域后，彭士禄和夫人马淑英的骨灰被撒向大海。在生命的最后，他践行了自己的誓言——愿将此身长报国，永远守望祖国的领土和海疆。

---

1 中共中央宣传部关于追授彭士禄同志"时代楷模"称号的决定（2021年5月26日）[N]．人民日报，2021-5-27．

彭士禄大事年表

1925 年　11 月 18 日出生于广东省海丰县。

1928 年　母亲蔡素屏牺牲。

1929 年　父亲彭湃在上海牺牲。

1931 年　被转移到潮安，寄养在革命群众家里。

1933 年　被国民党反动派抓捕，押送至潮安县城监狱关押，后被囚禁在汕头石炮台监狱。

1934 年　被转送至广州"感化院"。

1935 年　夏，被释放，孤苦无依，回到潮安当乞丐，并靠给人放鹅、放牛、打柴、拔草等维持生计。

1936 年　夏，再次被捕并囚禁在潮安县城监狱。被祖母周凤找到，带回香港。

1937 年　在香港圣若瑟书院就读，共读两年小学。

1939 年　与堂弟彭科偷偷离家，到惠州坪山参加东江游击队。

1940 年　被地下党组织找到，送回香港。

周恩来派副官龙飞虎和贺怡带他经桂林到达重庆。在重庆八路军办事处，第一次见到了周恩来、邓颖超。

年底，到达延安。

1941 年　在延安泽东青年干部学校少年班就读。

1942 年　自愿报名到延安中央医院当护士，被评为模范护士。

1943 年　患肺病，组织部将其调离医院，到延安大学中学部学习。后到延安大学自然科学院大学部化工系学习。

1945 年　加入中国共产党，破例免去预备期，成为正式党员，后担任党支部书记。

年底到晋察冀边区工业学校学习。

1946 年　到宣化炼焦厂工作。不久随炼焦厂迁到阜平。后在石家庄炼焦厂任技术员。

1948 年　到哈尔滨工业大学进修，后又转到大连大学应用化学系和大连工学院化工系学习。

1951 年　到北京参加留苏学生考试，成绩优异入选。出国前，与其他留学生一起被周总理接见。

在喀山化工学院化工机械系学习，后到莫斯科化工机械学院继续学习。

1956 年　大学毕业，获得"优秀化工机械工程师"证书。时值陈赓将军访苏，又被挑选留苏继续攻读核动力专业，在莫斯科动力学院进修核动力专业两年。

1958 年　回国，被分配在北京原子能研究所工作，为技术六级工程师，并兼任俄语翻译。

与同在苏联留过学的马淑英结婚。

二机部组建核反应堆研究室，任副主任。

年底，中国组建核动力潜艇工程项目，开始核动力装置预研。

1959 年　毛主席提出："核潜艇，一万年也要搞出来！"

1961 年　北京原子能研究所十二室五大组调十局，只保留少数人马组成设计组，任副组长。

受中国科学院院长郭沫若聘请，在中国科学技术大学讲授"反应堆""热工水力"等课程。

1962 年　核潜艇项目暂停，只保留一个 50 多人的核动力研究室。

任北京原子能研究所核动力研究室副主任。给研究室成员开设"反应堆物理"等 5 门专业课。

被中国科学院聘为原子能研究所学术委员会委员。

1963 年	被正式聘为中国科学技术大学近代物理系副教授。任国防科工委第七院十五所（核动力研究所）副总工程师。任核潜艇动力工程研究所副所长。
1964 年	被任命为副总工程师。
1965 年	搁置多时的核潜艇项目重新全面展开研制。告别妻子儿女，只身入川，参与筹建中国第一个核动力基地。
1967 年	在四川核动力基地任副总工程师，并兼任革委会代主任。
1970 年	上海组建核电站工程筹备处。 在人民大会堂福建厅向周恩来、聂荣臻、叶剑英等中央专委领导作核潜艇核动力研制专题汇报。 主持核潜艇陆上模式堆启动试验。反应堆主机达到满功率指标，试验取得了圆满成功，对核动力装置一次性成功运用于潜艇起到决定性的借鉴作用。 中国第一艘核潜艇在船厂下水。
1971 年	任武汉核潜艇总体设计研究所副所长兼副总工程师。
1972 年	被邀请到上海参加筹建核电站的技术讨论会，讨论中国核电站未来堆型的选择，对最终由熔盐堆改为压水堆起到重要作用。
1973 年	祖母周凤去世。 任国防科工委第七研究院（中国舰船研究院）副院长。指导和协调核潜艇研制、生产中的许多重大问题，包括后续艇的研制和生产。
1974 年	参加周总理主持的水压堆方案汇报会。随后参加核潜艇调试安装工作。 参加核潜艇交接仪式，091核潜艇被中央军委命名为"长征一号"，正式列入海军战斗序列。
1975 年	当选为第四届全国人大代表。
1977 年	当选中国共产党第十一次全国代表大会代表。

1978 年　出席全国科学大会，因核潜艇研制设计获"全国先进工作者"称号、"全国科学大会奖"。

1979 年　任第六机械部副部长、总工程师。由国防科委、国防办公室联合任命为核潜艇第一任总设计师。

1980 年　参与筹建中国核学会，任第一届理事，第二、三届副理事长。负责筹建中国核能动力分会，任中国核能动力会会刊《核动力工程》主编。

1981 年　任中国核能动力分会理事长。

1982 年　出席中国共产党第十二次全国代表大会，当选为中共第十二届中央委员会候补委员。

1983 年　带领参加过核潜艇工程的 10 名技术骨干到广东，开始核电站建设工作。

国务院批准成立广东核电站建设协调小组，主持指挥部工作。

成立广东省核电建设指挥部，任指挥长。

任水利电力部副部长兼总工程师、广东省委常委、广东大亚湾核电站总指挥，兼任国防科工委核潜艇技术顾问。

提出核电站建设的时间价值概念，撰写《关于广东核电站经济效益的汇报提纲》，完成核电站主参数及经济计算。

国务院核电领导小组成立，为领导小组成员之一。

率水力电力部代表团与英国代表团在北京就广东核电站问题举行会谈，就广东核电站设备采购及贷款问题进行谈判。

1984 年　随国务院副总理李鹏在深圳会见香港中华电力公司董事长嘉道理勋爵一行。

《关于广东核电站合营公司领导干部任职的通知》发出，兼任广东核电站合营公司总经理。

参加国务院大型成套设备领导小组工作例会，汇报广东核电站工作进展情况。

参加国务院核电领导小组扩大会议。

1985 年　出席在人民大会堂召开的广东核电合营公司合同签字仪式。不久调离广东核电。

因《核潜艇的研制设计》获"国家科技进步特等奖",为第一主要完成人,获颁《国家科技进步特等奖证书》。

中国核学会核能动力学会第一次年会在无锡召开,作为理事长主持大会,并作《关于我国核能近期发展情况》的报告。

在《核动力工程》和《工业设备与原料》分别发表论文《核能在我国能源中的地位》和《我国核能的展望》。

1986 年　被正式任命为核工业部科技委第二主任,副部长级。

调到核工业部任副部长兼总工程师、科技委第二主任,负责秦山核电站二期工程的筹建工作。

在海丰县参加"彭湃诞辰 90 周年纪念大会"并讲话。

1987 年　参加大亚湾核电站工程审查会,研究审查大亚湾核电站工程设计问题。

率国务院核电办、核工业部和水利电力部的专家们到合营公司帮助工作,就合同谈判、投资控制等问题提出意见和建议。

在北戴河参加核能动力学会常务理事扩大会议,作为理事长主持会议并作重要讲话。

参加大亚湾核电站主体工程开工典礼,并听取合营公司的工作汇报。当选中国共产党第十三次全国代表大会代表。

在秦山核电站二期工程筹资会上,被推举为秦山核电站二期工程董事会董事长。向核工业部提交《关于秦山二期工程筹资问题》报告。被列入英国出版的《世界名人录》(*WHO'S WHO*)。

1988 年　核电秦山联营董事会成立,任董事长。任职期间,积极推行董事会制度,首次把招投标机制引入核电工程建设。

中国核工业总公司成立，任科技顾问。

获国防科工委为表彰各兵种优秀总设计师颁发的"为国防科技事业做出突出贡献"荣誉状。

1989 年　在《核科学与工程》发表论文《中国核能的现状和展望》。

在《核动力工程》发表论文《为促进我国核电事业的发展而努力》。

进行 60 万千瓦压水堆核电站的主参数计算和投资估算，提出同等因子概念与汇率风险的关系。

参加中国核学会核能动力学会第二次工作会议，当选第二届理事会理事长。

向国务院写报告，提出核电"以我为主，中外合作"的建设方针，以及自主设计、建造 2 台 60 万千瓦机组的方案。

1990 年　在《核动力工程》发表文章《纪念〈核动力工程〉创刊十周年》。

陪同国务院总理李鹏、国务委员邹家华、国务院秘书长何椿霖等一行视察秦山核电站二期工程。

率代表团对日本核电情况进行考察，后向总公司党组提交《中国核工业总公司核电代表团访日考察报告》。

1992 年　任核工业总公司科技顾问。

在北京参加秦山核电站二期工程的初步设计审查会。

主持在华能公司召开的中国核学会核能动力学会扩大常务理事会，对当时的核能形势作了较详细的发言，着重介绍了发展 AP-600 型核电站的前景。

1993 年　当选为第八届全国人大代表及环境与资源保护委员会委员。

在《核动力工程》发表论文《2×600MW 压水堆核电厂的上网电价计算与分析》。

1994 年　当选为中国工程院首批院士。

出席大亚湾核电站建成投产新闻发布会和招待会。

1995 年　专著《核能工业经济分析与评价基础》由原子能出版社出版发行。

被聘为北京理工大学第一届董事会副董事长，任期 4 年。

1996 年　获何梁何利基金"科学与技术进步奖"。

出席"彭湃同志诞辰 100 周年纪念活动"并讲话。

与陈书云合写的论文《我国沿海地区急需加快发展核电》发表于《核经济研究》。

1997 年　在《世界科技研究与发展》发表论文《核能是能源可持续发展的希望》。

在《现代舰船》发表论文《中国"巨鲸"　人民智慧的结晶》。

1998 年　与陈书云合写的论文《核能——高科技产业的前景》发表于《科学学与科学技术管理》。

在莫斯科化工学院的学习经历被该学院认定为等同于硕士学位。

被中国广东核电集团科技委聘为高级顾问委员。

1999 年　因中国核工业总公司业务分工，分别成立中国核工业集团公司和中国核工业建设集团公司，任中国核工业集团公司科技顾问。

到青岛核潜艇基地指导工作，与技术人员共同解决了第一代核潜艇的十多个遗留问题和改装问题。

考察秦山核电站二期工程的质量和进度问题。

2000 年　出席第五次全国核学会会员代表大会，被选为荣誉理事长。

赴核动力院考察核动力基地、成都热工水力实验室。后考察参观原子能研究院，了解快堆建设情况和空间堆试验情况。

赴青岛参加并主持核潜艇应急注射系统、排污系统、补给水系统的改进工作，确定改进方案。

参加核废元件运输方案讨论会，确定运输方案。

2002 年　赴南宁参加中国核学会核能动力学会第三届理事会年会，被推选为名誉理事长，随后出席第四届理事会第一次代表会议。

2005 年	出席在北京召开的彭士禄"从事科技工作 48 周年暨 80 寿诞座谈会",总装备部、国防科工委、中国工程院、海军司令部、中核集团公司、中核建设集团公司、中广核集团公司、中国船舶重工集团公司等单位代表 40 余人参加座谈。中国工程院院长徐匡迪发来贺信。
被授予中国工程院资深院士。
2006 年	出席秦山核电站二期工程 3 号、4 号机组扩建开工庆祝活动。
受云浮市政府邀请,赴郁南、云安候选厂址踏勘,对该市 2 个候选厂址予以肯定,并对云浮核电项目建设提出意见和建议。
2008 年	到三门核电站考察工作。
2010 年	参加丰顺县八乡山镇举行的中国工农红军第十一军成立 80 周年纪念活动。
2011 年	夫人马淑英健康状况恶化,不幸辞世。
2012 年	为国防科工委《军工记忆》录制视频。
赴梅州参加叶剑英元帅诞辰 115 周年纪念活动。
身体状况不佳,且年事已高,住进北京医院,后去广州休养。
2017 年	获何梁何利基金"科学与技术成就奖"。
2020 年	中国核工业创建 65 周年时,时年 95 岁且在病重住院期间,念念不忘中国工业,依然牵挂着中国核动力事业的发展。
获"第十三届光华工程科技成就奖"。
2021 年	3 月 22 日 12 时 36 分,走完传奇的人生,享年 96 岁。3 月 28 日,在北京八宝山举行遗体告别仪式,海丰县彭湃故里同时举行追思会。3 月 30 日,伴随着《英雄核潜艇》之歌,他和夫人马淑英的骨灰,被撒入大海。5 月 26 日,中共中央宣传部追授彭士禄"时代楷模"称号。中央电视台对颁奖仪式进行了现场直播。
2022 年	当选为"2021 年度感动中国人物"。

参考文献

[1] 《广东大亚湾核电站大事记》编委会. 广东大亚湾核电站大事记 [M]. 北京：原子能出版社，2000.

[2] 《回顾与展望》编辑委员会. 回顾与展望——新中国的国防科技工业 [M]. 北京：国防工业出版社，1989.

[3] 朝中方面提出最强硬抗议 [N]. 人民日报，1958-2-2.

[4] 陈平. 为理想奋斗的彭湃一家 [M]. 北京：人民出版社，2017.

[5] 东方鹤. 张爱萍传 [M]. 北京：人民出版社，2000.

[6] 核工业神剑文学艺术学会. 核科学家的足迹 [M]. 北京：原子能出版社，1991.

[7] 军事科学院《世界军事年鉴》编辑部. 世界军事年鉴·2009[M]. 北京：解放军出版社，2016.

[8] 李道明，李庆. 在蓝色档案里——共和国领袖与海军纪实 [M]. 北京：海潮出版社，1993.

[9] 李雄鹰. 彭湃："农民运动大王"[N]. 人民日报，2018-6-16.

[10] 刘华清. 刘华清回忆录 [M]. 北京：解放军出版社，2007.

[11] 吕娜. 核动力道路上的垦荒牛：彭士禄传 [M]. 上海：上海交通大学出版社，北京：中国科学技术出版社，2013.

[12] 毛主席会见留苏学生 [N]. 人民日报，1957-11-20.

[13] 美国阴谋变日本为原子战基地 [N]. 人民日报，1958-2-2.

[14] 聂力. 山高水长——回忆父亲聂荣臻 [M]. 上海：上海文艺出版社，2006.

[15] 彭湃. 彭湃文集 [M]. 北京：人民出版社，2013.

[16] 彭士禄. 中国巨鲸——人民智慧的结晶 [J]. 现代舰船，1997（11）.

[17] 彭子强. 奇鲸神龙——中国核潜艇纪实 [M]. 北京：中共中央党校出版社，1995.

[18] 秦山核电基地党委宣传部. 中国核电从这里起步：记为核电建设拼搏奉献的勇士们 1[M]. 北京：北京十月文艺出版社，2008.

[19] 人民日报文艺部. 榜样：新时代英雄模范故事 [M]. 北京：人民日报出版社，2023.

[20] 任仲文. 我是共产党员——科学报国带头人 [M]. 北京：人民日报出版社，2020.

[21] 施昌学. 海军司令刘华清 [M]. 北京：长征出版社，2013.

[22] 舒德骑. 大国起航——中国船舶工业战略大转折纪实 [M]. 北京：人民出版社，研究出版社，2020.

[23] 舒德骑. 人生的传奇 [J]. 十月，2013（2）.

[24] 舒德骑. 一个传奇人物和他传奇的事业 [J]. 国防科技工业，2000（6）.

[25] 舒德骑. 一生愿作"拓荒牛" [N]. 人民日报，2021-8-14.

[26] 舒德骑. 中国核潜艇 [J]. 神剑，1991（5）.

[27] 舒德骑，李芳春. 深海丰碑 [J]. 昆仑，1992（1）.

[28] 王春才. 蘑菇云作证 [M]. 成都：四川人民出版社，1993.

[29] 我核潜艇水下发射运载火箭成功 [N]. 人民日报，1988-9-28.

[30] 吴殿卿. 在毛泽东关怀下成长起来的萧劲光大将 [M]. 北京：人民出版社，2007.

[31] 吴殿卿. 中国第一艘核潜艇诞生记 [J]. 党史博览，2014（3）.

[32] 杨连新. 见证中国核潜艇 [M]. 北京：海军出版社，2013.

[33] 杨连新. 走进核潜艇 [M]. 北京：海军出版社，2006.

[34] 中共中国核工业集团有限公司党组. 愿将此生长报国——中国核潜艇第一任总设计师彭士禄 [J]. 求是，2021（12）.

[35] 中共中央文献研究室. 毛泽东年谱（一九四九——一九七六）：第 2 卷

[M]. 北京：中央文献出版社，2013.

[36] 中共中央文献研究室. 毛泽东思想年编（一九二一——一九七五）[M]. 北京：中央文献出版社，2011.

[37] 中共中央文献研究室. 毛泽东文集：第 6 卷 [M]. 北京：人民出版社，1999.

[38] 中共中央文献研究室. 周恩来年谱（1898—1949）[M]. 修订本. 北京：中央文献出版社，1998.

[39] 中共中央文献研究室. 周恩来年谱（1949—1976）：下卷 [M]. 北京：中央文献出版社，1997.

[40] 中共中央文献研究室. 周恩来文化文选 [M]. 北京：中央文献出版社，1998.

[41] 中共中央宣传部关于追授彭士禄同志"时代楷模"称号的决定（2021年 5 月 26 日）[N]. 人民日报，2021-5-27.

[42] 中共中央宣传部宣传教育局. 时代楷模·2021——彭士禄 [M]. 北京：学习出版社，2022.

[43] 中国工程院学部工作部. 中国工程院院士自述 [M]. 上海：上海教育出版社，1998.

[44] 中国关心下一代工作委员会教育中心，时代楷模发布厅. 时代楷模：2019—2021（2021 卷）[M]. 石家庄：花山文艺出版社，2022.

[45] 中国核工业总公司党组. 周恩来与中国核工业 [J]. 中共党史研究，1998（01）.

[46] 中国人民解放军总装备部政治部，奚启新. 钱学森传 [M]. 北京：人民出版社，2011.

[47] 周恩来. 关于知识分子问题的报告 [N]. 人民日报，1956-1-30.

[48] 祖慰，林普凯. 彭士禄的超验现象 [N]. 人民日报，1987-9-20.

后 记

彭士禄是我非常景仰的一位杰出的科学家。

此生有幸,作为一位军工作家,我拥有得天独厚的创作资源。这些年,我先后撰写了《大国起航——中国船舶工业战略大转折纪实》《鹰击长空——歼10总设计师宋文骢的传奇人生》《云岭山中》《沧海横流:纪实文学作品选》《聂帅与中国核潜艇》等十几部军工文学作品。

早在1990年,根据张爱萍将军指示,我在撰写中国核潜艇诞生历程报告文学时,就采访了全国几十家军工单位和上百位军工科学家。其中,中国核潜艇第一任总设计师彭士禄,是我采访的重点人物之一。他那精彩传奇的人生、可敬可亲的形象,一直留存在我的心中。

"是啊,彭士禄的人生,你能把他写出来,根本不用任何加工修饰,就是一部耐读耐看的传奇作品。"正如六机部原部长、与彭士禄共事多年的柴树藩先生曾对我说的:"我敢说,全世界很少有哪个科学家,能有他那样的个性和悟性,能有他那样的胆略和气度;更没有哪个科学家,能拥有他那样曲折离奇的人生。"

此言诚哉!

有关核潜艇诞生历程的作品写完后,解放军文艺出版社的《昆仑》杂志以《深海丰碑》为题将其发表。作品一经发表,便被国内外20多家报刊迅速转载;此后,这部作品还获得解放军昆仑军事文学奖、中国船舶系统特别奖。尽管如此,我仍意犹未尽,于心不甘,总想单独写写彭士禄这个人。

此后,我以彭士禄的事迹为题材,写出了《一生愿作"拓荒牛"》《人生的传奇》《一个传奇人物和他传奇的事业——彭士禄在四川隐姓埋名的日子》等文章,陆续在《人民日报》《十月》《国防科技工业》等报刊上发表,获全国工业文学作品大赛奖等，收到较好的社会反响。彭老还曾专门打来电话，表示感谢。

这次，中国编辑学会组织编辑出版"中国科技之魂"丛书，约我写《特殊使命：彭士禄》，我却犹豫许久。之所以犹豫，是因为写彭老的文章、著作已是汗牛充栋，我能否不嚼别人啃过的馒头，能否另辟蹊径，写出新意来呢？

动笔前，我就确定了几条原则：一是必须尊重历史史实，不敢有任何事实杜撰；二是要遵循文学创作规律，不能写成资料和术语堆砌的专业书，更不能写成枯燥的工作总结，力求让核能领域外的人，特别是青少年和军事爱好者都能读懂；三是材料的取舍要根据人物传记的需要，不能面面俱到。因此，有许许多多曾和彭士禄一起工作学习生活的战友和亲人未能提及，还望读者理解。

这本人物传记，我写得很投入很有激情，这源于彭老可敬可爱可亲，且带有传奇色彩。写作过程中，我再次为彭老的人生经历所感动，为他的精神境界所感染。写到最后，我自认为写进了他的内心世界，融入了他的思想感情。写到有些章节，我自己竟然也血脉贲张，甚至泪眼婆娑。

但不管如何，浮光掠影也好，蜻蜓点水也罢，几个月的辛苦，总算为彭士禄这个人物画了一幅素描，写出了一本还算像样的书。至于写得如何，只有留待广大读者评述了。

作品完成后，海军司令部核安全局原副局长、著名作家杨连新先生，总装教授级高级工程师、著名作家王建蒙先生，中国核动力研究设计院相关专家等，在百忙之中审读了书稿，并提出非常中肯的修改意见，在此谨致以诚挚的谢意。也感谢为此书付梓付出辛劳的编辑和朋友们。

彭士禄是世界知名的核动力专家，他的一生，可以说是跌宕起伏、惊险传奇、大开大阖、波澜迭起。由于时间跨度太大，资料所限，加之自身水平等因素，难免取舍失度、挂一漏万，还望读者不吝指正，以求日后更正。

舒德骑

2024 年 12 月 18 日

郑重声明

高等教育出版社依法对本书享有专有出版权。任何未经许可的复制、销售行为均违反《中华人民共和国著作权法》，其行为人将承担相应的民事责任和行政责任；构成犯罪的，将被依法追究刑事责任。为了维护市场秩序，保护读者的合法权益，避免读者误用盗版书造成不良后果，我社将配合行政执法部门和司法机关对违法犯罪的单位和个人进行严厉打击。社会各界人士如发现上述侵权行为，希望及时举报，我社将奖励举报有功人员。

反盗版举报电话　　(010) 58581999　58582371
反盗版举报邮箱　　dd@hep.com.cn
通信地址　　北京市西城区德外大街 4 号
　　　　　　高等教育出版社知识产权与法律事务部
邮政编码　　100120